大是文

Financial Freedom

Create Wealth and Hold on to It

死薪水的不投機致富金律

怎樣成為「有錢之後一直有錢」的人？
德國媒體編輯一對一面談有錢人後，
親身實踐的致富報告。

之前擔任編輯、現為德國地產大亨
專業地產顧問
雷納・齊特曼——著
Rainer Zitelmann
廖桓偉——譯

Contents

推薦序一

你終究要學習當有錢人，何不趁現在？

「A大的理財心得分享」版主／ameryu

有錢人之所以有錢，是因為他們懂得運用金錢的知識，讓錢母生錢子，錢子再生錢孫，使收入川流不息，源源不絕。資產的起點未必可以複製，但有錢人的財富思維，卻可以拿來運用。

臺灣諺語常說：「富不過三代。」是因為我們的文化只注重遺產的繼承，卻忘了理財知識也應該被一併延續，另一句俗語「狀元子好生，生意子歹生」就是如此。知識與財富一樣，皆需靠時間來點滴累積。

本書分兩部分討論「成為有錢人，你該知道的事」，其基本概念有二：生出財富、守住財富。乍看跟開源節流相似，但意境卻不同。

守財，除了要知曉節流技巧與適切的精打細算之外，還需要擁有正確的理財觀念與識破騙局的腦袋，知道「不要」做哪些事，遠比知道下一步該做什麼重要得多。至少我們要知道，該如何避免成為一貧如洗的窮光蛋。例如不要高估自己的能力，認為自己可以贏過大盤。

投資的基本，除了要會賺錢之外，應當還要能讓自己安心睡好覺。

本書比較特別的地方，是提到了創業與不動產。創業維艱，守成不易，相信是每個創業者都有過的體悟。

在臺灣創業的陣亡比率之高，個人覺得是因為大多數的創業者沒有善用社會資源，我的觀念是，創業不一定要用自己的存款，反而要學習運用銀行的金錢。

知名電視劇《我可能不會愛你》的女主角程又青曾說：「人生應該要有兩本存摺，一本儲蓄財富，一本儲存老朋友。」以此為起點稍微延伸思考，想要創業成功，人脈與銷售是關鍵，只有人才會給人機會，產品若沒有客源，再好也是枉然。就像電影《鬼滅之刃劇場版》裡，炭治郎的炭若賣不出去，那他的妹妹彌豆子也只能跟著喝西北風了。

創業者的煩惱與困擾不少，最常碰到的是「沒時間管理財富」，因而尋求銀行的協助，但是又會碰到延伸問題：「銀行理財專員推薦的是否穩賺不賠，或者該不該買？」如果創業讓你忙到沒時間睡覺，建議你善用書中提到的「奧德修斯策略」（詳見第十二章）來做定期投資。

假如你還在理專推薦的商品中猶豫，建議讀者們翻到第八章，作者提出了兩點，會讓你瞬間秒懂很多事，以及了解過去賠錢的原因：

- 銀行業務員的工作就是銷售金融商品，替銀行產生營收。
- 在大多數的情況下，財務顧問提供的服務都不完整，沒有顧及其他的資產類別。

我們不能說理專不好，因為這是他們的工作，就像建商的工作就是不斷的買土地蓋房子，不管房子能不能賣出去。

而作者提出的另一個致富重點「不動產」，就如同我們從小到大，從老一輩那裡聽來的觀念：把買房子、繳房貸當作是在向銀行租房子，貸款繳完後房子就是你的了。

在我們擁有房子後，往往會把房貸擺在理財的第一順位，通常也會調整收支狀況，把收入資源集中，為的就是可以順利繳出貸款，間接也達成了強迫儲蓄、守住財富的效果。

本書吸引A大的地方是，作者研究了大量有錢人、富人的心理，並引用了許多名人的經驗分享，這些金玉良言、經典佳句往往會成為理財金句的創作來源。若讀書心得只能寫一句話，我會這麼寫：「人，無法長期擁有他處理不來的財富。」

就我所知，某部分的富人都在多角化經營自己的人生，又或者你可以稱他們為「斜槓」。「下班投資學、下班經濟學」這兩門科目，是A大覺得多數上班族必修的兩門課。下班後，學點簡單的投資幫自己累積財富、創造收入、投資自己的腦袋，說不定就讓你有機會加薪。一方面可以提升知識水平，另一方面也能讓自己擁有更高的財富處理能力。以上種種知識細節，A大會建議各位在初入社會的黃金十年內，多花點時間，慢慢的逐步建構。

知識產生的力量是無可限量的，說不定能改變你的一生，只要你願意學習，就算只領死薪水、不投機，還是能讓你成功致富。

你終究還是要學習如何當個有錢人，為何不趁現在？

推薦序二

只要努力，投資就能開花結果嗎？

「小資YP投資理財筆記」版主／陳逸朴

你想變得更有錢嗎？

對於每天過著朝九晚五、辛勤工作的我們來說，生活上的許多問題其實都來自於金錢，因此累積更多的財富，自然是大眾追尋的目標，而有些時候，我們不禁也會幻想著致富的那一天到來。

他們是如何致富、怎麼變成有錢人的？

在這個什麼都漲、唯有薪水不漲的年代，即便省吃儉用存下了一桶金，放在銀行帳戶定存一年，能夠領取的利息卻早已低於一萬元，通膨也在不知不覺間偷走我們的財富，過去花費五十元即可溫飽，現在可能連塊雞排也買不起。

時光倒退數年前，面對以上的狀況，我動起了投資的念頭，但當時我對於投資領域根本一竅不通。於是花了大量的時間閱讀和從網路上蒐集資料，誰的投資方法看起來厲害，就筆記學習，土法煉鋼五花八門的方法，用功的程度不亞於當年的升學考試，或許你現在也正和當年的我一樣。然而努力的學習投資，就讓我因此而致富了嗎？並沒有。

在投資的初期，我不僅沒有少繳學費，還花費了大把的時間與精力。我以為只要和升學考試一樣努力，在投資領域上花時間研究、模仿，學習市面上眾多高手的方法，就可以賺錢，但卻換來了賠錢的結果。

投資，是件努力就會開花結果的事情？

在這本書中，作者道盡了散戶（包括我）為什麼會失敗賠錢的許多原因，像是不少投資朋友喜歡追逐明星股票，看到過去的輝煌績效就紛紛投入，認為漲幅可以延續下去，沒想到接踵而來的是意想不到的跌幅，但一般人其實並不清楚在投資市場中，參與的玩家有高達九五%是專業投資人，散戶該如何與其對抗？

然而更令人感到意外的是，眾多數據顯示，其實專業投資人在長期的時間下，也無法拿出比大盤（所有投資人的平均報酬）還好的成果。先不論這些投資專家從客戶手中賺取多少費用卻只換來差勁報酬，問題是連專業投資人都做不到的事情，我們卻總是冀望能夠靠一己之力，就實現擊敗大盤的美夢，這是不切實際的想法。

究竟該怎麼投資？

放棄預測，當個「不可知的投資人」（詳見第十二章）。有時候在投資領域當個不懂的人是很幸福的，因為這樣就不需要花大把時間預測未來哪檔個股、市場、地區會上漲。只需要採用被動投資追蹤全市場（ETF）的方法，就能一舉囊括明日之星，這種投資方法不但耗費的時間非常少，還不會讓你因投資而中斷人生其他更有意義的事情。

作者埋藏在書中的寶貴資訊，對於讀者來說非常珍貴，少走一些冤枉路，就能在累積財富的路程中省下更多的時間。如果你很幸運的讀到這本書，除了恭喜你之外，也請勇敢設立自己的財務目標、保持儲蓄的習慣，以及試著去長期持有全世界的市場，那麼接下來財富就會隨著時間，靜悄悄的來到你身邊。

有錢人的生活是不是能夠無憂無慮？金錢就能夠帶來幸福嗎……若你也有以上這些疑問，推薦你閱讀這本書，透過作者淺顯易懂的文字與眾多研究數據，告訴你所追求的世界是怎麼一回事。

推薦序三

收入百萬元不簡單，但守住它們更加困難！

「陳喬泓投資法則」版主／陳喬泓

我很喜歡看ＮＢＡ球賽，成為ＮＢＡ球員是我小時候的夢想（應該也是很多青少年的夢想），不僅可以讓興趣直接變成工作，更因為成為職業球員後，年薪至少百萬美元起跳，光一年收入就抵過一般上班族一輩子的總收入。

但你知道嗎？根據統計，儘管ＮＢＡ球員年平均收入高達五百萬美元，卻有六〇％的球員在他們退休後五年內就宣告破產，而其中主要的原因，不外乎是因為生活揮霍、投資高風險商品、沉迷於賭博及毒品、誤信友人建議等，使他們的財務陷入困境。

同樣的，很多人都夢想靠樂透一夕致富，但根據美國研究統計指出，以近二十年頭獎得主為樣本進行統計，有超過七五％的頭獎得主，因過度揮霍且不善理財，同樣也在五年內就面臨破產的命運。

雖然收入百萬元不簡單，但守住它們更加困難！如果你沒有正確的財務觀念，也缺乏投資的相關知識，不管你是年薪百萬、還是樂透億萬得主，最終的結果只有一種，就是看著財富慢慢煙消雲散。

如何創造財富，其實和如何保有財富同樣重要，這也是本書《死薪水的不投機致富金律》的核心主軸。如果你不具備守住財富的能力，即使有大量財富送給你，對你來說也很可能只是一場災難。

本書主要分為兩個部分，將告訴你如何致富，並且守住你的財富。第一部會告訴你創造財富的方法，書中提到成為富豪的主要捷徑，並非一般人所想的那樣來自於遺產繼承，大多數有錢人都是靠創業致富；而作者也分析出，有錢人異於常人的五大人格特質（看看自己符合幾樣）。

第二部則是教你在打好基礎之後，應該要避開哪些陷阱、降低風險，並透過投資讓財富持續成長。作者建議最好的選擇是持有不動產，或是買進指數股票型被動基金（亦即ETF），並且不要想著自行選股，只要定期買進MSCI世界指數的ETF就好。除非你有過人的投資技巧，否則大部分的投資人自行買股的報酬率，都不到ETF長期績效的三〇%。

作者雷納・齊特曼是德國著名的地產顧問公司創辦人，也是成功的房地產投資人，他在一九九九年到二〇〇九年間，以精準的眼光和遠見，用極低的價格購買了柏林的房地產，並於二〇一五年高價出售，憑藉這些投資，讓他賺取了數百萬歐元，成為了富翁。

本書透過數據研究歸納出富豪的各項特質，只要能夠掌握書中的五大原則，遠離常見的財務陷阱，就能夠透過明智的投資成為有錢人，實現財富自由的富裕人生。

一開始收到邀請，替本書《死薪水的不投機致富金律》寫序時，確實讓我感到有些驚喜，因為我自身的經歷也是從白手起家開始，透過長期投資讓自己實踐自由人生，而且這不是一本單純談股票投資的書，書中的很多投資心法及內容，讓我產了極大的興趣，因此答應大是文化的邀約。認真看完後，我已經將這本書收藏在書櫃上，待未來有機會，跟親愛的家人朋友分享。

引言

守住一百萬，比賺一百萬更難

前網球世界球王鮑里斯・貝克（Boris Becker），於二〇一七年六月十七日被倫敦高等法院宣告破產。據說貝克無法償還自二〇一五年以來積欠的一千零五十億歐元（按：約新臺幣三十五兆六千億元，一歐元折合新臺幣約三十四元）巨額債務，因此私人服務銀行「Arbuthnot Latham & Co.」對他提出破產申請。貝克的律師請求法院休庭二十八天，讓貝克有機會償還負債——他必須再度抵押西班牙馬約卡島（Majorca）上價值六百萬歐元的別墅。但法院駁回貝克的請求，結果他的財務問題就曝光在大眾眼前[1]。

貝克是世上最成功的網球選手之一。他拿過四十九個巡迴賽單打冠軍——包括六座大滿貫賽，其中有三次是在溫布頓（The Championships, Wimbledon）稱霸，以及十五座雙打

1 相關新聞請見：https://www.vermoegenmagazin.de/boris-becker-vermoegen/

冠軍。他在位世界球王寶座的時間總共十二週，目前仍舊是在溫布頓奪冠的最年輕紀錄保持人。在他的網球生涯期間，總計賺進超過兩千五百萬美元（按：約新臺幣七億兩千五百萬元，一美元折合新臺幣約二十九元）的獎金，以及數百萬美元的廣告代言費，身價一度超過一億美元。但如今的他卻幾乎失去一切。

造成貝克財務困境的成因，就跟許多名人與退休運動員一樣。當貝克與前妻芭芭拉（Barbara）離婚時，據說付了一千四百四十萬美元；而且他生活奢侈，在倫敦租的別墅，月租將近四萬美元。這幾年來，他還反覆裝潢在馬約卡島上的別墅，揮霍了一大筆錢。

如同許多職業運動員，貝克在運動生涯結束後曾試著創業。他擁有三間汽車經銷公司，卻沒有任何一間的獲利令他滿意；他也是入口網站「Sportgate」的業主之一，不過這個網站在二〇〇一年就宣告破產。此外，他還曾多次被稅務機關逮捕，在二〇〇二年，貝克因逃稅被判兩年徒刑。之後，他也遭指控刻意低報稅額，以省下兩百萬美元。

貝克絕對不是特例。媒體幾乎每週都會報導名人、運動員與流行歌手賺進大筆財富，然後全部敗光的故事。「流行樂之王」麥可・傑克森（Michael Jackson），在去世時欠了四億美元；傳奇歌手狄昂・華薇克（Dionne Warwick）被迫宣告破產；世界知名的靈魂歌姬惠妮・休士頓（Whitney Houston）在二〇一二年去世時，欠了債權人四百萬美元。

統計數據顯示，儘管ＮＢＡ球員全盛時期的年平均收入是五百萬美元[2]，但有六〇%的球員在退休後五年內破產。麥克・泰森（Mike Tyson）身為世上最成功的職業拳擊手之一，生涯非常風光，卻因為生活揮霍與吸毒而陷入財務困境。截至二〇一二年，他的欠款估計為三千萬美元[3]。

克勞迪亞・寇德基齊（Claudia Kohde-Kilsch）是僅次於施特菲・葛拉芙（Steffi Graf），在一九八〇年代第二受歡迎的女子網球選手。她於一九八七年在溫布頓贏得女子雙打冠軍，賺進約兩百萬美元的獎金，由她的繼父代為管理。結果在她快退休時竟發現自己身無分文，於是上法院控告繼父，官司打了好幾年，直到繼父在二〇〇四年過世為止。

二〇一一年，克勞迪亞的音樂品牌在市場上失敗後，她無力償還債務，並向一家德國報社表示：「我正在領兒童津貼與扶養費，並且在一家房屋仲介公司工作了幾個月。這樣已足夠付清房租，我也能慢慢的重新站起來[4]。」

而足球明星也不例外，在一九八〇年代，法蘭克福足球隊（Eintracht Frankfurt）就有半數球員，為了避稅而投資不動產，結果賠了許多錢。名人聽信糟糕的建議後，投資封閉式

---

2 威蘭・史陶德（Wieland Staud），《賺錢》（*Making Money*）第九頁。

3 〈Vom Millionen-Star zum Pleitegeier〉，Handelsblatt.com，二〇一二年一月二十六日。

4 〈Deutsche Pleite-Promis. Wie Schauspieler, Entertainer und Sänger ihr Geld verloren〉，Das Investment.com，二〇〇九年六月二十五日。

基金與避稅方案——這種情況實在太常見了。

德國前足球教練維爾納・洛蘭特（Werner Lorant），因為在德國東部購置不動產而破產。本來這筆投資是節省所得稅的妙計，但最後卻把他搞垮了。一則在二〇一一年十一月二十五日的報導中指出：「洛蘭特在其職業足球員生涯期間一定賺了不少錢（他隸屬的法蘭克福足球俱樂部，於一九八一年贏得歐冠聯賽的冠軍），之後又成為教練，如今卻面臨財務困境。」

「洛蘭特位於歐柏朵芬（Oberdorfen，鄰近慕尼黑）的豪宅已被迫拍賣。」根據報導，他如今住在上巴伐利亞湖畔一臺拖車內，就像個隱士一般。「拖車主人是慕尼黑獅子隊（Munich Lions）的死忠粉絲，熱心的幫助洛蘭特，並讓他免費住在那裡[5]。」

這些故事絕非特例，而且只是冰山一角。破產的新聞能成為頭條，是因為和名人有關。然而，有數千人與他們的命運一樣，這些人可能繼承了一大筆遺產、中了樂透，或靠工作打拚賺了許多錢，然後又全部敗光。

與得獎金額大小無關，許多中樂透的人會都在短短幾年內花光所有獎金。二〇〇一年八月，肯塔基州四十六歲失業男子大衛・李・愛德華茲（David Lee Edwards）贏得「威力球」（Powerball）樂透頭獎，獎金四千一百萬美元；僅僅十二年後，他就孤身死於故鄉阿什蘭（Ashland）[6]。他在贏得樂透之後曾告訴記者：「我不會想拿這筆錢買豪宅、買車子，或拿去做其他事。我想以謙卑的心態收下這筆錢。我希望這筆錢能夠留存起來，這是為了我自己、我未來的太太、我女兒以及後代。」

這種反應很正常，但鮮少有樂透贏家可以堅持他們剛開始所下的決心。

另一位頭獎得主愛德華茲（Edwards），在繳完稅後進帳兩千七百萬美元，他先斥資一百五十萬美元，為自己與二十七歲的未婚妻，在佛羅里達州買下六千平方英尺（按：約一百七十坪）的別墅。別墅前停滿了高級名車——包括一輛藍寶堅尼（Lamborghini），讓他的鄰居誤以為他在經營非法的汽車經銷事業。過沒多久，他在加州買了第二棟別墅，然後將幾輛名車移往該處。

贏得樂透的前幾個月，愛德華茲向電視記者炫耀他價值三萬美元的電視、七萬八千美元的鑲鑽黃金戒指，以及兩百件中世紀的刀劍、鎧甲與武器，總價十五萬美元。接著他又把錢花在賽馬、私人噴射機與毒品上。十二個月後，他已經揮霍了一千兩百萬美元，幾乎

---

5 〈Rentner Werner Lorant und sein Leben auf dem Campingplatz〉，《Augsburger Allgemeine》，二〇一一年十一月二十五日。

6 德國《世界報》（*Die Welt*）於二〇一三年十二月四日刊載的文章：〈*Lotto-Millionär stirbt einsam und arm in Hospiz*〉，亦可參考《紐約每日新聞》（*New York Daily News*）於二〇一三年十二月三日刊載的〈失業前科犯成為威力球贏家，死於收容所〉。

是獎金的一半。等到獎金全部花完之後，銀行沒收了愛德華茲的房子，迫使他必須搬到倉庫居住。在他過世後，他的女兒在臉書上貼文：「他沒留下任何一毛錢，全花光了。」而當年，愛德華茲曾許諾讓她過上衣食無憂的人生。

德國也有同樣的案例，來自漢諾威（Hanover）的失業鋪地毯工人羅瑟・庫吉道斯基（Lothar Kuzydlowski），於一九九四年贏得兩百萬歐元，因而登上頭條[7]。「樂透羅瑟」（Lotto Lothar，當時報紙給他的稱號）也買了一臺藍寶堅尼，並將錢揮霍於酒類、派對與美女。他還帶著一條金項鍊到處炫耀，上面刻了「LLL」三個字母，意思是「樂透、羅瑟、藍寶堅尼」（Lotto, Lothar, and Lamborghini）。贏得樂透五年後，他因為肝硬化而過世。而他的遺孀與前妻為了爭奪遺產，打了好幾年的官司。

麥可・卡羅（Michael Carroll）於二〇〇二年購買英國國家彩券（National Lottery），贏得了九百七十萬英鎊（按：約新臺幣三億五千萬元，一英鎊折合新臺幣約三十六元）。他分送四百萬英鎊給親朋好友，接著買了一輛高級車與一棟位於諾福克郡（Norfolk）的別墅犒賞自己[8]。他舉辦滿是毒品與酒類的派對，且賭博賭輸了一些錢，最後成了罪犯。贏得樂透八年後，他幾乎身無分文。但他運氣還算好，在北蘇格蘭埃爾金城（Elgin）的餅乾工廠找到一份工作，週薪兩百零四英鎊。

一九九四年，失業德國人麥可・B（Michael B.）中樂透贏得一百四十萬歐元[9]。根據他的前妻表示，他的座右銘從此以後就變成：「我要活在當下，盡情享受人生。」他為自己與家人買了好幾輛車。他認為樂透得主不需要駕照，因此屢次被抓到無照駕駛，八次之後終於遭判刑入獄。之前他創立了兩間公司，都在他入獄時破產。贏得樂透後僅僅十六個月，他就已經一無所有，只剩債務。他被迫賣掉自己的房子、波斯地毯與所有個人資產。他還再度玩起樂透，希望能再中一次大獎。

奧地利倉庫作業員甘瑟・謝瑟納（Günther Scherthaner），在二〇〇一年六月二十四日贏得一千萬奧地利先令（按：約新臺幣兩千五百萬元）的大獎[10]。一位任職於奧地利知名保險公司的財務顧問，告訴謝瑟納只要投資某個保險方案，他的獎金就會翻倍。但謝瑟納不想把所有獎金都拿去投資，而是先斥資三百萬先令，替自己買了一棟附家庭劇院的房子；接著他聽從「顧問」的建議，把剩下的七百萬先令拿去投資。然而，股市與貨幣的投機行為，使得謝瑟納在十年內就把那七百萬先令燒光了，還欠下十萬先令的債務。

7 德國《柏林日報》（*Berliner Zeitung*）二〇一三年三月十三日刊載的文章：〈Verzockt, verprasst, verteilt〉。

8 英國《每日鏡報》（*The Daily Mirror*）二〇一三年七月七日刊載的文章：〈樂透無賴麥可・卡羅：我在餅乾工廠每週賺兩百零四英鎊，過得很好〉。

9 德國明鏡電視臺（Spiegel TV）二〇〇二年十二月十六日的報導。

10 奧地利報紙《*Kronen Zeitung*》於二〇一二年五月十九日刊載的訪談。

如果你在網路搜尋「敗光獎金的樂透贏家」或其他類似詞句，就會得到數百則來自世界各地的相似故事。而八卦小報最愛報導這些案例，並再三強調大家要學到教訓：金錢終究買不到幸福。然而也有一些人，會覺得雖然自己年薪只有兩萬美元、存款一萬八千美元，但總比擁有數百萬美元，最後卻落得人生、財務兩頭空的人來得好。只要如此一想，他們就能鬆一口氣，稍微安慰一點。

當你看到運動員、流行歌手與好萊塢演員身陷債務，最後必須宣告破產的報導時，可能也有同樣的安慰效果。每週都有數百萬人玩樂透，整天希望自己能中大獎，而他們當然也不覺得上述這些慘事會發生在自己身上；他們不會重蹈覆轍、屈服於同樣的誘惑。他們不會買高級名車、瘋狂開趴或在賭場大撒幣，而是會睿智的投資自己的獎金。

然而，許多樂透贏家僅僅在中大獎後的數年內，就過得比中獎之前還慘。有件事是大多數人不知道的：**守住一百萬元比賺一百萬元更難**，更別說增加這筆錢了。大多數人都以為自己只要有一千萬美元（甚至一百萬美元），就能夠過著無憂無慮的生活；而那些賺了好幾百萬元（無論一夕致富或事業有成）的樂透贏家、演員、流行歌手與運動員，也都曾經這麼想。

我並不是要說賺一百萬元很簡單，而是想讓你知道，除非你懂得明智投資、讓錢滾錢，否則一百萬元對你一點幫助也沒有。**守住財富是人生必修的課程，而且只要有心就**

一定能學會。至於沒學會的人，他們燒錢的速度會出乎自己的意料。缺乏創造財富、守住財富的心理特質，以及欠缺投資策略相關知識的人，一定會賠掉那筆錢——不論是一百萬元、一千萬元還是一億元。

許多人對理財抱持懷疑態度。他們覺得這個主題太複雜，只有專家能理解。雖然他們知道理財很重要，卻不願意去做。他們寧願相信自己心目中認為的專家（但有時根本就不是）。他們的信任經常遭人濫用，因此遲早會放棄理財這個概念。（有沒有覺得好像就是在說你啊？）

結果就是開始讓金錢主宰他們的人生，而且是往不該去的方向邁進。而這就是本書的主題：幫助你掌管自己的財務。

那麼這本書跟其他談投資策略與財務成功的書有何不同？

本書會以簡單易懂的文字，來總結與呈現「財富研究」領域中最重大的新發現。在德國，財富研究屬於較新的學術領域，其中的研究成果，已經出現在各種博士論文、學術文章與科學研究，但尚未被廣大讀者所知。而與投資理論亦同，它是一種涉及成功投資法則的科學研究素養。

就跟所有科學一樣，這些理論都有自己的行話，因此讓許多人望而卻步。最近德國有一篇很有趣的博士論文（本書會談到它的研究結果），它的目錄就包含了「均衡會計」、

「近因效應」、「過度自信理論」、「新興市場溢酬」、「投資組合再平衡」等名詞，雖然財務專家會認為這些主題很有趣，但對大多數的投資者來說或許太過艱深。

除了研究關於財富和投資主題的研究成果外，本書也觀察許多賺了好幾千萬、好幾億、甚至幾十億元的人。他們的事業從不動產、旅館、公廁、股票、自然資源，到麵粉、白脫牛奶與優格都有。我仔細關注這些人並與之對談，透過評估財富研究與投資理論，將其中蒐集到的見解，以大家都能懂的淺顯語言呈現出來。正如傳奇投資人華倫·巴菲特（Warren Buffett）所言：「如果你充分理解一個想法，你就能夠清楚的表達，讓其他人也能夠理解這個想法[11]。」

本書第一部會教你如何創造財富。第二部則教你在打好基礎之後，怎麼讓財富成長，而不是看著它煙消雲散。我將告訴你該迴避哪些陷阱、該無視那些顧問、該怎麼將風險降到最低，並透過明智投資來增加你的財富，這樣你才能享有最大程度的財富自由。

---

11 巴菲特，《看見價值：巴菲特一直奉行的財富與人生哲學》（*The Tao of Warren Buffett*）第一二三頁。

第 1 部

如何過得更幸福？你的收入得提高

第一章

談錢，嘴巴不承認，身體卻很誠實

讀了這麼多發橫財之人走向毀滅的故事，你或許會有疑問：「變有錢是不是自找麻煩？」我想起羅馬抒情詩人兼諷刺作家賀拉斯（Horace）的名言：「煩惱隨著財富成長而來。」金錢是個有爭議的主題。相信大家都聽過「金錢買不到幸福」或「財富使人腐化」之類的話。

詩人與哲學家已經講過無數格言，質疑金錢的價值，並將世俗的富貴視為罪過。音樂家巴布・狄倫（Bob Dylan）曾問道：「金錢算什麼？人只要能早上起床、晚上睡覺，中間一整天做自己想做的事，就算成功了。」而亞伯特・愛因斯坦（Albert Einstein）也說：「金錢只會引人自私，並造成無可避免的揮霍濫用。」

就連古希臘的哲學家都很常批評財富與金錢。柏拉圖（Plato）曾在自己的著作《理想國》（*Republic*）說過：「他們越想賺大錢，就越不會去思考品德；當財富與品德放在天平的兩端時，結果總是其中一方升起，而另一方落下。」

另一方面，也有詩人與哲學家，對這件事抱持截然不同的看法。偉大的詩人約翰・沃夫岡・馮・歌德（Johann Wolfgang von Goethe）曾說：「沒有錢的健康等於病了一半。」同時，荷蘭哲學家巴魯赫・史賓諾沙（Benedictus de Spinoza）也質疑了針對財富的片面之詞：「既貧窮又吝嗇的人，會不停談論財富的誤用以及富裕的罪惡；這樣只是在折磨自己，並且將自己的心胸狹隘公諸於世——這些人不僅無法忍受自己貧窮，也無法忍受別人富有。」

愛爾蘭作家奧斯卡・王爾德（Oscar Wilde）喜歡用誇張的說法激起公憤，藉此揭露簡單的真相，他曾如此說道：「我年輕的時候，認為金錢是人生最重要的事物；如今我老了，更明白它真是如此。」

到底是什麼令人不幸福？有錢或沒錢？提到離婚，雙方最想爭奪的都是財產，而研究人員也發現，**讓許多夫妻發生爭執的癥結也在於金錢**。

威斯康辛大學的教授羅倫・帕普（Lauren Papp），要求一百對有小孩的夫妻寫兩週的日記，雙方必須分開記錄每天彼此之間爭執的起因與時長。結果顯示，夫妻因為錢產生的爭執，會吵得比其他主題還兇。多數夫妻都覺得關於錢的爭執，會威脅到他們共享的未來，而且這種爭執也比其他爭執難化解[12]。

對自己做個實驗吧，記下所有讓你煩惱的事情，並持續一個月。請確實記錄生活上的所有領域：工作、健康、財富、小孩、夫妻關係與體重等。一個月後再評估實驗結果：有多少煩惱是只要你超有錢，就可以解決的？

---

12 尼可勞斯・威斯特霍夫（Nikolaus Westerhoff），〈Erst teilen, dann keilen〉，《南德意志報》，二〇一〇年五月十七日。

你會了解到如果你有足夠的錢，就能避免許多煩惱；但同時你也會發現，許多煩惱就算錢再多也無法避免。對於這些煩惱，你應該思考一下，金錢能提高你對這些問題的承受能力嗎？或者會比較好解決其伴隨的問題嗎？

社會學家桃樂西・史班納格爾（Dorothee Spannagel）在二〇一三年發表的博士論文〈德國人的財富〉（*Wealth in Germany*）中，也調查過人們煩惱的問題。在此研究中比較了收入一般的人口，與收入高於全國平均兩倍的人。調查發現有二四・五％的一般人口「非常擔心」自己的財務狀況，而相比之下只有六・四％的富人有這種擔憂；另外，完全不擔心自己財務狀況的有錢人占五四・三％，而有這種想法的普通人只占二六・七％。

收入處於平均值的人口有二二・七％非常擔心自己的工作穩定性，有錢人只有四・八％。而另一方面，完全不擔心自己的工作穩定性的有錢人占了五九・七％，一般人口只有三九・四％。

就算問的是與職涯或財務無直接相關的其他主題，**有錢人的煩惱還是比一般人少很多**。一般人有二二・八％「非常擔心」自己的健康，有錢人只有一〇・二％。超過一半的一般人非常擔心犯罪率提升，有錢人只有三五・五％。一般人有四一・三％擔心移民問題，有錢人只有二四・二％。雖然一般人有六〇・一％對未來感到樂觀，但有錢人有七六・四％，又更高了一些。

有句耳熟能詳的諺語：「貧窮但健康，總比有錢卻生病好。」可是史班納格爾的發現卻非常有趣：「極為有力的證據顯示，**身體健康與財富是相關的**。無論德國東部或西部、還是整個國家一起看，都證實是如此。」她的調查顯示，有錢人與普通人相比，「不只身體更健康，也對自己的健康感到較滿意[13]」。

不過，根據德國記者華特・伍倫韋伯（Walter Wüllenweber）針對不同社會階層生活方式所做的研究，貧窮並不會直接使人不健康。雖然低收入階層不健康的狀況遠比其他階層普遍，但這並非經濟需求的緣故，而是生活方式的選擇所致。

伍倫韋伯宣稱：「個人行為所扮演的角色比外在條件重要：吸菸、酗酒、飲食不健康、缺乏運動……這些都跟錢無關。一個月的香菸錢比健身房月費還貴；在外面買速食比自己做菜還貴；買酒比自己榨柳橙汁還貴。整體而言，過著不健康的生活方式，開銷會比健康的生活方式還高[14]。」

難道有任何事情比「如何過得幸福」這個問題重要嗎？為了回答這個問題，一整套研究學科因此而生，我們稱之為「幸福科學」。有個普遍的誤解，認為科學家的結論是金錢

13《Reichtum in Deutschland Empirische Analysen》。
14 伍倫韋伯，《Die Asozialen: Wie die Ober- und Unterschicht unser Land ruinieren – und wer davon profitiert》。

買不到幸福。但近期由德國經濟學家約阿希姆・魏曼（Joachim Weimann）、安德烈亞斯・納貝（Andreas Knabe）與羅尼・舒伯（Ronnie Schöb）所做的研究卻表明，這一說法並非完全正確。

錢越多就越幸福，沒有飽和這回事

常識告訴我們，多數人都希望自己更有錢，因為錢越多，可選擇的商品與服務就越豐富。高收入可以讓人買到最想要的東西——對低收入者來說遙不可及的商品。「人們願意為了增加收入而竭盡全力。工會發動罷工，老人為了退休金走上街頭，各階層主管為了工作鞠躬盡瘁，勞工每天花八小時做粗工、或在麥當勞煎漢堡肉，只為了七・五歐元的時薪。**人之所以願意做上述這些事情，都是為了賺錢**[15]。」

一九七四年，理查・伊斯特林（Richard Easterlin）是第一個聲稱「金錢買不到幸福」的科學家。他根據調查得到結論：「幸福不取決於個人的絕對收入水準，而是在於社會中的相對地位，亦即他們比同儕有錢或貧窮。」根據伊斯特林表示，當年收入水準超過一萬五千美元時，這個結論是放諸四海皆準的。換言之，如果增加窮人的收入，顯然能大幅影響他們的生活品質與整體幸福。

可是，事情通常都比乍看之下來得複雜。科學家將幸福分成「情感」與「認知」兩種。傳統上研究人員衡量認知幸福的方式，是請對方為自己的幸福水準評分：「分數從零（完全不滿意）到十（完全滿意），請告訴我們你對整體生活的滿意度是多少。」這種調查是在測量整體滿意度，而不是「情感幸福」，亦即一天或一個月內，感到幸福的時刻總長。雖然財富對情感幸福沒有顯著影響，但近期的研究已顯示，**整體滿意度與收入是高度相關的**。這與伊斯特林的主張不同。

研究已經發現，**高收入水準的人較滿意自己的生活**。有趣的是，就算年收入水準超過十二萬美元，這種正相關依舊適用。所以**無論收入水準為何，錢越多就越幸福，沒有飽和這回事**[16]。研究結果甚至顯示，當收入提高的比例相同時，對幸福感影響更大的是高收入者，而不是收入較低者[17]。

當然，生活有許多面向並非與金錢直接相關。無論收入水準為何，人們都會受病痛或

15《Geld macht doch glücklich》。
16《Geld macht doch glücklich》第一一四頁。
17《Geld macht doch glücklich》第一二三頁。

分手所苦。不過，關於個人幸福的科學研究，最有趣的結果是：「**窮人遭逢逆境時**（例如生病、離婚或感到寂寞），**感覺會遠比同樣處境的有錢人還慘**[18]。」而這項發現格外重要，因為它顯示收入與財富，也會影響生活上其他領域。

多數人都知道有錢比沒錢好，但為了裝作不在乎自己窮，只好說反話。嘴巴不承認，身體卻很誠實——德國每個月都有兩千萬人買樂透。他們都知道中頭獎的機率只有一千五百萬分之一，但還是滿懷期待自己能中獎，而同時卻在當地酒吧滔滔不絕的說著「錢不重要」、「錢買不到幸福」之類的話。

一般人只要神志清楚，就絕不會主張「只要有錢就會使你幸福」。在引言中，我提到許多案例——有人贏了樂透或透過其他手段快速賺進巨款，但也很快就失去這筆橫財。是錢讓他們招致不幸嗎？表面上看來似乎如此，因為假如沒贏得這筆錢，他們或許就不會因過度揮霍而身陷債務。

一個人如何處理自己的金錢，遠比他在任何時間擁有多少錢來得重要。為了確保金錢能讓你更幸福、更滿意自己的生活，你就必須學會留住財富，並且用錢滾錢。

這就是為什麼相信只要天外飛來一筆橫財（無論透過繼承、婚姻或中樂透）就能解決問題（或至少是財務問題）的人，都很容易被騙。其實更準確來說，天外飛來一筆橫財反而才是問題的開端。

當然我們不能歸咎於金錢本身，相反的，問題在於他們不懂得明智運用金錢，以守住並增加自身財富。不加思索就貶低金錢重要性的人，之所以宣稱「錢不重要」、「錢會使你不幸」，其實有個明顯的理由。他們假裝不在乎錢，是因為他們沒錢。確實，多數人都同意自由是通往幸福的途徑。雖然許多人不贊同「金錢等於幸福」的想法，但很少人會反對「自由絕對是正面且值得追求的」。

只要了解如何理財，從而守住並增加你的財富，你就會比掙扎度日的人享有更大的自由。你不必再煩惱自己的工作，可以過你想過的生活，去你想去的地方，而且比靠別人吃飯的人更能自由表達意見。

法國時尚設計師可可・香奈兒（Coco Chanel）曾說：「金錢是邁向自由的關鍵[19]。」這位白手起家的女士，努力工作以建立自己的財富。她將金錢視為「自由的象徵」。雖然香奈兒說的沒錯，但還是要小心，如果你把「財富」與「高收入」畫上等號，且花光你每個月賺到的錢，那你就永遠無法自由。這麼做，反而會讓自己依賴高水準生活，甚至上癮，因此整天都要擔心萬一自己失去收入來源時會如何。有非常多證據顯示，如果追求財

18《Geld macht doch glücklich》第一一四頁。

19 保羅・莫蘭（Paul Morand），《香奈兒的魅力》（*The Allure of Chanel*）第三十九頁。

富的主因，是為了獲取奢侈品與奢華生活，那就很難邁向幸福。

美國商業理論家湯瑪斯・史丹利（Thomas J. Stanley）的研究就證實了這件事，他調查了數百位有錢的美國人，全都出生於一九四六年至一九六四年間，因此初入社會時的起薪都差不多。史丹利研究中的其中一個問題是：「整體來說，你對自己的生活有多滿意？分數則為一到五分。」

說自己不滿意的受訪者，年收入中位數為二十萬零三千美元；而說自己滿意的受訪者，年收入平均為三十萬零七千美元。不過兩者最大的差異，在於他們過去三十年來能夠存下多少財富。

最滿意的受訪者平均累積了一百三十八萬美元的財富價值，而最不滿意的受訪者，平均只能夠存下三十萬零四千美元。對生活最不滿意的受訪者，總財產為年收入的一・五倍，而最滿意的受訪者，總財產為年收入的四・五倍。

調查也顯示兩者擁有的住房價格並沒有顯著差異（不滿意者為七十九萬八千美元，滿意者為七十八萬五千美元）[20]，但不滿意者為了高水準生活而花錢的機率，遠比滿意者還大。滿意者的生活通常較節儉，他們因財富給自己帶來自由而珍惜它，而非將財富作為購買昂貴商品的手段。

正如你所見，財富在什麼條件下有助於追求幸福，以及能夠幫助到多少，都值得深入探討。而你也已經了解，這個問題的答案，取決於你把財富當成獲取奢侈生活的手段，還是達成財務自由與安全的方法。

此時你應該會想知道：是否有具體的因素，決定一個人是否成為有錢人？有任何相關的科學證據嗎？如果有，這些證據又能給我們什麼啟示？

死薪水的不投機致富金律

- 錢越多就越幸福，沒有飽和這回事。
- 整體滿意度（幸福感、身體健康）與財富有高度相關。
- 如何處理自己的金錢，遠比擁有多少錢來得重要。
- 金錢是邁向自由的關鍵。

20 史丹利，《別再裝有錢》（*Stop Acting Rich*）第二二四頁至二二五頁。

第二章

大學教育鮮少能幫助學生達到財務成功

「有錢」的定義是什麼？關於「財富是由什麼構成的」這個問題，有許多不同的答案。其中有些定義甚至包含與收入或金融資產無關的面向，像是「健康」或「影響力」。然而，如此模糊財富的概念，只會讓這個議題更混淆，而無法了解它。

什麼程度才叫財富自由？

當德國人被問及「財富自由」的定義，多半都會回答以下答案[21]：

・能夠享受退休生活而不必擔心錢的問題。（八七％）
・不必依賴政府的任何福利。（七六％）
・無論何時都可以想買什麼就買什麼。（七五％）
・能夠只靠投資收入過活，不必工作。（七〇％）

在這些陳述當中，有些還滿模糊的。你要到什麼程度才會「不擔心錢的問題」？「想買什麼就買什麼」又是什麼意思？這些問題的答案皆為主觀意見，每個人都大不相同。「能夠只靠投資收入過活，而不必工作」就是比較具體的概念。

但就連這條定義都還不夠明確。稍微想一下：是指擁有足夠的財富讓你能靠利息過活？還是足夠的財富讓你花用到過世為止？後者所需的數量會比前者少很多。

再者，一個人「過生活」需要多少收入？而這些假設又基於什麼利率？

對多數人而言，一百萬美元聽起來好像是一大筆錢。但真的是如此嗎？任何擁有一百萬美元的投資資產、報酬率三％（像政府公債這種低風險產品，報酬率不可能這麼高）的人，每個月只能靠投資賺到兩千五百美元——完全過不上奢侈的生活。這就是為什麼在我的研究《財富菁英》（*The Wealth Elite*）當中，我設定的最低門檻是一千萬美元。

世界知名的管理顧問公司「凱捷」（Capgemini），每年都會發表〈世界財富報告〉（*World Wealth Report*），並將有錢人分成三組：

・鄰家百萬富翁：可投資財富介於一百萬至五百萬美元之間的個人。全球有一千六百二十萬個。

・中階百萬富翁：可投資財富介於五百萬至三千萬美元之間的個人。全球有一百六十萬個。

---

21 梅蘭妮・博因—施馬倫布魯克（Melanie Böwing-Schmalenbrock,），《致富之路》（*Wege zum Reichtum: Die Bedeutung von Erbschaften, Erwerbstätigkeit und Persönlichkeit für die Entstehung von Reichtum*）第二十五頁。

・超高淨值人士：可投資財富超過三千萬美元的個人。全球有十六萬八千個[22]。

全世界的百萬美元富翁當中，有六一%住在以下四個國家：美國（五百三十萬人）、日本（三百二十萬人）、德國（一百四十萬人）與中國（一百二十萬人）。雖然有些非常小的國家，百萬富翁占總人口的比例更高（例如新加坡總人口五百八十萬人，百萬富翁有二十六萬九千人），但日本是唯一百萬富翁比例比德國還高的大國，總人口一億兩千六百萬人，百萬富翁有三百二十萬人[23]。

當然，有錢人與超級有錢人的確切數目是很難確定的，每個資料來源的數字都不同。根據顧問公司「萊坊」（Knight Frank）發表的〈二〇二〇年世界財富報告〉[24]，全球共有五十一萬三千兩百四十四人，淨資產超過三千萬美元，其中有三分之二住在以下四個國家：美國（二十四萬零五百七十五人），中國（六萬一千五百八十七人），德國（兩萬三千零七十八人），法國（一萬八千七百七十六人）。

不過說到億萬富翁的話，中國有三百一十六個，遠勝過德國的一百二十九個[25]。有些人誤以為俄羅斯的百萬富翁遠比德國還多，是因為**俄羅斯的有錢人會用很誇張的方式炫富，但德國的有錢人則偏好低調度日**。

大多數有錢人都靠創業賺錢

現在的德國人是如何變富有的？《致富之路》作者最重要的發現是，自僱者遠比替別人賣命的人更容易達成高收入。研究顯示雇員難以創造財富。「最重要的是，**創業是高財富的可靠指標**。財富建立於創業的人，平均淨值都大幅提升——創業者的平均家庭淨值比沒創業的人高出兩百五十萬歐元[26]。」

在「穩定財富」族群（淨值兩百四十萬歐元以上的家庭）中的創業家明顯比「脆弱財富」族群（淨值一百二十萬歐元以上的家庭）還多。調查顯示，**創業者的家庭，爬上財富金字塔頂層的機率是其他家庭的兩倍**[27]。

德國最知名的財富理論領域研究者之一沃夫岡・勞特巴赫（Wolfgang Lauterbach）也做

22 凱捷，〈二〇一九年世界財富報告〉。
23 〈二〇一九年世界財富報告〉第九頁。
24 萊坊〈二〇二〇年世界財富報告〉第十九頁。
25 〈二〇二〇年世界財富報告〉第一〇五頁。
26 《致富之路》第一八七頁。
27 《致富之路》第一九九頁。

了一些研究，得到的結果與前述接近。勞特巴赫調查了中產階級（淨值中位數為十六萬歐元）、「富裕人士」（七十五萬歐元）、高淨值人士（三百四十萬歐元）、最有錢的一百位德國人（十五億歐元）、以及全世界最有錢的一百個人（一百零五億歐元），發現德國的高淨值人士有六四・五％都是創業家。「實證研究[28]顯示，這種財富只有自僱者才有可能達到。藉由受僱創造財富的例子非常少。」德國最有錢的一百人中，有九八％是創業家，而全世界最有錢的一百人中，有九五・二％是創業家。勞特巴赫做出結論[29]：「**創業是創造大筆財富的必要條件。**」

含金湯匙出生？六六％億萬富翁是白手起家

二〇一五年，跨國投資銀行瑞銀集團（UBS）與國際會計師事務所普華永道（PWC）共同發表一份關於億萬富翁的研究，證實大多數的億萬富翁並不是靠繼承獲得財富，而是透過創業與投資建立財富。

全球有超過一千三百位億萬富翁，總財富為五兆四千萬美元（與一九九五年的七千億美元相比，增加了四兆七千億美元），其中有六六％的億萬富翁是白手起家，而在一九九五年只有四三％。這些新億萬富翁多數都以美國為根據地；二〇一四年有四七％的白手起家億萬富翁住在這裡。而亞洲的創業家也開始加入這股熱潮，亞洲地區的億萬富翁占了白手起家億萬富翁的三六％，把歐洲擠下去，成為第二大富豪根據地，歐洲人在其中只占了一七％[30]。

仔細觀察世界富豪名單，就會發現全世界最有錢的億萬富翁，多半是靠自己努力創業的企業家。以下是《富比士》（*Forbes*）於二〇二〇年列出的全球十大富豪[31]：

1 傑夫・貝佐斯（Jeff Bezos）因創立亞馬遜（Amazon）而致富。
2 比爾・蓋茲（Bill Gates）因創立微軟（Microsoft）而致富。
3 貝爾納・阿爾諾（Bernard Arnault）因創立ＬＶＭＨ等奢侈品牌而致富。
4 馬克・祖克柏（Mark Zuckerberg）因創立臉書（Facebook）而致富。
5 華倫・巴菲特靠投資致富。

---

28 勞特巴赫，《*Reiche Parallelwelten?*》第九十四頁。
29 勞特巴赫，《*Reiche Parallelwelten?*》第九十一頁至第九十二頁。
30 瑞銀集團、普華永道，《二〇一五年的億萬富翁》（*Billionaires 2015*）第十二頁。
31 https://www.forbes.com/billionaires/

6 勞倫斯・艾利森（Larry Ellison）因創立甲骨文（Oracle）而致富。
7 史蒂芬・巴爾默（Steve Ballmer）因創立微軟（Microsoft）而致富。
8 賴利・佩吉（Larry Page）因創立谷歌（Google）而致富。
9 謝爾蓋・布林（Sergey Brin）因創立谷歌而致富。
10 阿曼西奧・奧蒂嘉（Amancio Ortega）因創立颯拉（Zara）等公司而致富。

在這份名單中，除了阿爾諾曾繼承家業之外，全球最有錢的億萬富翁們，都是因自己的努力創造財富，而不是靠繼承。而且第十名之後的富豪也一樣。《富比士》年度四百大美國富豪榜當中，多數人也是白手起家。許多人以為以前的時代比較容易靠自己累積財富，而今日的富豪都是靠繼承獲得財富。事實上剛好相反：

一九八四年，《富比士》四百大美國富豪榜中，白手起家的不到一半。到了二〇一八年，卻有六七％的人是空手創業[32]！

擺脫貧窮、獲得大量財富的機率，在亞洲地區明顯高於歐洲或美國。「亞洲的經濟突破是最近才發生的事，因此該地區的新興富豪與其他地區不同。他們有二五％出身自貧困的家境背景，而美國與歐洲分別只有八％與六％。而且他們也比其他地區的富豪年輕。自行創業的亞洲富翁平均年齡為五十七歲，幾乎比歐美年輕十歲[33]。」

雖然想要只靠上班賺大錢困難得多，但並非不可能。所有研究都一致指出，**上班族的薪水是很難讓你致富的**[34]。至於「自由職業」，例如醫生、律師、會計師等，收入則介於員工與創業家之間。雖然自由職業提供中產階級更大的機會躋身富裕階級，但它並非成為穩定富豪的好方法[35]。

例如自由業者的致富機率（不只是收入高過平均值）就比上班族高三・五倍。而創業家更是高出了四・五倍。

繼承則是另一個因素，但跟工作收入相比完全不重要。這一點已由前述瑞銀集團、普華永道的研究證實了，他們發現億萬富翁靠白手起家致富的比例（相較於繼承遺產），在全球都有增加的趨勢。在超過一半的富裕家庭中，工作收入依舊是更重要的因素。然而，有三分之一的受訪者認為，繼承財產比工作收入更重要，還有一三％認為兩者一樣重要。

---

32 https://www.forbes.com/billionaires/

33 瑞銀集團、普華永道，《二〇一五年的億萬富翁》第十七頁。

34 《致富之路》第二〇三頁。

35 《致富之路》第二三三頁。

另一方面，該研究也承認繼承遺產有各種不同類型。若是繼承有生產力的財富，亦即事業（該研究稱為「繼承自營作業」），而不是繼承實體資產，那麼增加財富的機率就會顯著提升。

除了錢比你多，五大人格特質也不同

美國作家史考特・費茲傑羅（F. Scott Fitzgerald）曾說：「有錢人跟你我是不同的。」而厄尼斯特・海明威（Ernest Hemingway）回他：「對啊，他們錢比較多。」事實上，費茲傑羅在一九二六年的短篇故事《富家子》（*The Rich Boy*）是這樣寫的：「讓我告訴你超有錢人是什麼樣子。他們與你我是不同的。他們很早就開始占有與享受事物，而這些事物也對他們產生影響，使他們身段柔軟，而我們卻很強硬；他們對事物保持懷疑態度，而我們卻容易相信他人。除非你天生就有錢，否則很難理解這回事[36]。」

人們總是懷疑有錢人有些「不一樣」，不只是財產不同，連性格也不同。但並沒有足夠的科學證據能證實或駁斥這個論點。二〇一八年，由六位德國經濟學家與心理學家組成的團隊，進行了一項大規模的研究：他們訪談了一百三十位富豪，並利用其結果衍生出心理側寫，再與總體人口比較[37]。

由心理研究人員發展出，各種描述人格類型的模型中，「五大人格特質」（Big Five）在過去幾十年來一直都是主流。二〇一八年的財富研究，就使用了五大人格特質測試的濃縮版，以區別五個核心人格特質：

- 盡責性：用來描述思慮周延、一絲不苟、有效率、井井有條、準時、有企圖心、堅持不懈的人。
- 情緒不穩定性：高度神經質的人，容易緊張，並經常擔心任何可能會出錯的事情。他們容易衝動的做出反應，而且整體來說心理並不特別穩定。
- 親和性：高度親和性的人非常渴望與別人和諧共處；他們有太快退讓的傾向，並且經常輕信別人。
- 外向性：高外向性的人很健談、果斷、積極進取、精力充沛、勇氣十足。
- 經驗開放性：高經驗開放性的人，很有想像力、創意與好奇心。

---

36 《富家子》，收錄於《費茲傑羅文摘》（*The Fitzgerald Reader*）第二三九頁。

37 雷克特（Leckelt）、里希達（Richter）、施洛德（Schröder）等人發表的研究〈有錢人真的不一樣：揭開高淨值人士顯露於外或自曝的人格特質〉（*The rich are different. Unravelling the perceived and self-reported personality profiles of high net- worth individuals*），收錄於《英國心理學期刊》（*British Journal of Psychology*）。

當你將一般大眾的人格特質與受訪的富豪相比，就會發現以下的事實：

・有錢人情緒較穩定，因此比較不神經質。
・有錢人特別外向。
・有錢人對新經驗較開放。
・有錢人親和性較低，代表他們比較不會迴避衝突。
・有錢人盡責性較高。

除了五大人格特質測試，研究人員也調查了其他兩種人格特質：自戀與內控傾向。他們的發現如下：

・有錢人比較自戀。
・有錢人常展現出較強烈的內控傾向。這表示他們比較同意「我的人生成果由我決定」的主張，而不是「人生成就主要是由運氣或命運而定」之類的論點。

此項研究的結果，與我的博士論文《財富菁英》一致，其結論也是有錢人的心理非常穩定（亦即不太神經質），而且對於新經驗特別開放、更外向、更盡責——但不一定有親和力。

前述人士調查了一百三十位富豪，而我的超級富豪研究則採取深度訪談的方式，每個人一至兩小時。此外，這些超級富豪受訪者不但完成了濃縮版的五大人格特質測驗，也接受了較詳細的測驗版本，包含五十個問題。

其中一項關鍵發現是，**超級富豪通常都不遵守常規**。他們很享受反潮流的感覺，而且**完全不怕獨排眾議**。另一項研究結果是：超級富豪比其他人更容易靠直覺做決定。他們傾向於仰賴直覺，而非詳細的分析。

最重要的是，他們應對失敗與挫折的態度，與大多數人截然不同。多數人成功時喜歡居功，但面對失敗與挫折時就會怪罪別人。而這一點超級富豪就非常不同，根據訪談結果顯示，他們會從自己身上找出挫敗的原因，而不是歸咎於外在環境或別人。這會給他們一種權力感：「如果這個錯誤因我而起，那我就可以改變。因為我能掌控自己的人生。」有些人能成功致富、有些人卻不行，其中的原因很多，但在前述兩個研究中發現的人格特質組合，絕對是原因之一。

在前面引用的施馬倫布魯克的研究中，也下了類似的結論：六四%的創業家與六八%

的自僱者都對新經驗格外開放，相較之下中產階級成員只有三五%[38]。

另一方面，研究證實創業家比中產階級成員更難相處。有六九%的中產階級成員被人認為好相處，但創業家只有六〇%。如果是薪資高於平均的員工則剛好相反：他們遠比創業家與中產階級成員具有親和力[39]。這些發現意味著成功的員工，必須有高於平均水準的適應力與社交能力，但對於創業家來說，應對衝突的能力更重要。

二〇〇〇年，創業學教授安地列斯·勞赫（Andreas Rauch）、德國心理學家麥可·弗利斯（Michael Frese）在美國發表了一項整合分析，其中調查了人格特質與事業成功之間的關聯。兩位作者推測，事業成功與冒險意願之間存在著非線性關係：到達一定程度時，冒險意願會對事業成功產生正面影響——然而隨著願意冒風險程度變高，也可能會對事業導致負面結果。

這也衍伸出一個問題：創業家要到什麼程度才會覺得自己的決策是高風險行為？

英國作家伊莉莎白·切爾（Elizabeth Chell）在《創業型人格：概念、個案與類別》（*The Entrepreneurial Personality: Concepts, Cases and Categories*）一書中指出，以創業家的觀點來看，什麼都不做的風險才是最高的，外界認為的高風險行動，可能只被創業家自己視為一種減少風險的策略。

瑞銀集團、普華永道於二〇一五年進行的研究中有一份調查發現：億萬富翁對於風險的理解與我們不同。對他們來說，失去良機才是較大的風險。「他們通常不擔心新的決策若失敗會有什麼不良後果，反而害怕因為錯失機會而蒙受損失。」

正如我們所見，多數富裕人士都是因為創業賺大錢。那麼，有錢人是怎麼辦到的？而「目標」這件事，對賺大錢來說很重要嗎？

麥可・弗利斯利用一種「行動理論」方法來探討這個問題。他提到美國心理學家艾德溫・洛克（Edwin Locke）與多倫多大學教授蓋瑞・拉瑟姆（Gary Latham）的研究，這兩人發現越有企圖心的目標，通常都能得到較好的成果。弗利斯引述了三種對於目標的思考方式：「第一種是幻想達成目標後會有多好；第二種是擔心無法達成目標；第三種是將目標與目前情況相比。雖然對於達成目標抱持幻想或疑慮，都會降低達成目標的機率，但**將正面的幻想與目前情況相比，就能最有效的達到較高成就**。」

弗利斯指出，每個人對於追求目標的認真程度不同，所以在行動計畫的周延程度上也會不一樣。這兩個因素雖有關聯，卻是兩回事：「行動的計畫與目標，雖然在實際經驗上有著關聯性，不過在概念上是截然不同的。一個人可能有著非常堅定的目標，但卻缺乏明

38《致富之路》第二一九頁。
39《致富之路》第二二〇頁。

確的計畫。」

計畫是思考與行動之間的橋梁，彌補了兩者之間的差距，將目標轉化為方案。不過，弗利斯也強調此處的「計畫」不代表每個細節。有時計畫只是大方向的概念而已。一個宣稱自己毫無事前準備、只依靠直覺的創業家，其實可能都在遵循著下意識裡內心的計畫。

計畫對於引導人們行動、以及降低目標被遺忘的可能性，都是很重要的。不過若計畫太過嚴苛，而執行者又不會靈活反應的話，這些計畫其實會妨礙行動。

馬里蘭大學教授羅伯特・鮑姆（Robert Baum）與艾德溫・洛克於二〇〇四年發表了一篇重要文章，討論設定目標的重要性。研究結果明確顯示「明確且具挑戰性的目標，比其他目標更能產生高績效[40]」。

鮑姆與洛克將此理論應用於創業家。他們調查了兩百二十九位創業家，並成功證實自己的假設：「創業家（執行長）訂立的事業成長目標越高，事業成長幅度就真的會越高。」而此研究也證實自我效能（按：指人們對自身能否利用所擁有的技能去完成某項工作行為的自信程度）與企圖心之間的關係：「創業家對於事業成長的自我效能越高，事業成長的目標也就越高。」這一點不論對於整個組織的成長，或達成個人目標都適用。此研究提供了有利證據，顯示野心勃勃的長期目標，對於成功有著顯著的影響。

要念過大學，才能變有錢嗎？

許多年輕人仍相信念大學是賺大錢、建立成功生涯的最佳方法。平均來說，大學畢業生的收入或許真的比非畢業生高，但必須謹慎看待這類數據，尤其它們不一定會考慮到延畢期間——學生沒收入卻付出大量學費。

況且過往的數據很難用來預測未來。所以大學輟學或根本沒念大學的年輕人，絕非完全沒機會成功。

以下舉幾個例子：

麥可・戴爾（Michael Dell，一九六五年出生）。戴爾的淨資產為兩百八十億美元，是全世界最有錢的人之一。他於一九八三年進入德州大學就讀，且打算成為醫生。但是他並沒有專心在學業，而是在一九八四年輟學，並在德州奧斯汀市創立自己的公司。

理查・布蘭森（Richard Branson，一九五〇年出生）。布蘭森有閱讀障礙，在校成績很

40 鮑姆、洛克，〈創業型特質、技能、動機與既起事業成長之關係〉（*The Relationship of Entrepreneurial Traits, Skill, and Motivation to Subsequent Venture Growth*）。

差。事實上他完全沒領到任何證書就輟學了。如今他是擁有許多家公司（維珍集團，Virgin Group）的億萬富翁，也是英國最富裕的人之一。

史蒂夫・賈伯斯（Steve Jobs，一九五五年至二〇一一年）。一九七二年，賈伯斯畢業於加州庫比蒂諾市的家園高中（Homestead High School），並進入奧勒岡州波特蘭市的里德學院（Reed College）就讀。賈伯斯念完第一學期就輟學了，但在之後創立了全世界最有價值的公司——蘋果（Apple），並成為億萬富翁。

雷諾德・福士（Reinhold Würth，一九三五年出生）。一九四九年，雷諾德・福士十四歲，他的父親讓他一邊念國中，一邊在父親的螺絲批發公司工作，身兼第二號員工與一號學徒。十九歲時他在父親過世後接掌公司，並打造了有著七萬名員工的全球性事業。《富比士》估計他的淨值有一百六十億美元，這使他成為德國最有錢的人之一。

《但願我十八歲就懂的成功學》（*The Education of Millionaires*）的作者麥可・艾斯伯格（Michael Ellsberg），訪談許多沒有大學學位的百萬富翁與億萬富翁，挑戰了「大學教育是變有錢的重要因素」這個傳統思維：「我在本書中訪談的人當中，約九〇%是名副其實的百萬富翁，有幾個甚至是億萬富翁……而這些成功人士都有一個共通點，他們都對現前的教育制度敬謝不敏。」

根據本書略帶挑釁的論點，大學教的東西鮮少能真正幫助畢業生達到財務成功——在某些情況下，人們在學校學到的東西甚至是阻礙：「若要學會如何把工作做好以賺取薪水，那麼教育依舊很重要。但這些日子以來，幾乎所有能幫你賺錢的教育，都是實務上的智慧，與技能方面的自修，而且大部分是從傳統教育機構領域之外學來的[41]。」

席克斯特租車公司（Sixt GmbH & Co. Autovermietung KG）執行長埃里希．西維特（Erich Sixt），是德國最有錢的人之一，在商學院只上了兩學期就輟學。他認為大學教的東西與他未來的人生和職涯完全無關。如果大學的商學院知曉真正的致富策略與祕訣，那麼應該會有不少商管教授成為百萬富翁，甚至億萬富翁。

在一項有趣的實驗中，受試者在電腦模擬情境裡，扮演製糖工廠經理的角色，並且被賦予一項任務：藉由調整工廠的人員編制，維持特定的糖產量。這個系統背後的函數方程式並沒有揭曉給受試者。在學習期間，受試者不知道自己接下來要受測試、測量自己表現如何。而實驗顯示，就算他們無法具體解釋自己的做法，也還是能夠控制工廠的糖產量。

在另一項電腦模擬情境中（這次是牛仔褲工廠），研究人員調查了系統知識與系統控制之間的關聯。受試者的任務是藉由決定零售價與產量，替一家活躍於市場、且只有一家

41《The Education of Millionaires》第十七頁。

主要競爭者的公司賺取最大利潤。

研究人員會透過「回覆示教」（按：指被教育對象將教育內容反覆做一次給教育者看）的程序，衡量受試者的知識，藉此重建受試者的思考流程，亦即它們的「心智模型」。而研究的結論是，受試者心智模型的特性，與他們產生的利潤高低並無顯著相關。同時，他們解決問題的思考流程，其特性也跟他們產生的利潤大小無關。

令人意外的是，雖然商學院學生對於事業流程的知識較廣泛，但他們產生的利潤普遍比心理系或教育系的學生還低。

而我在自己的研究《財富菁英》當中，深度訪談了四十五位超高收入人士。許多受訪者有著良好的學校教育，不過訪談中的問題也揭曉了一件事——這些富裕人士的在校表現與他們之後獲得的財富多寡無關。在校表現極為出色的受訪者，通常不會爬到財富金字塔的頂端。三分之一的超高收入人士受訪者沒念大學，七分之一甚至連高中都沒畢業。

非正式學習的擁護者宣稱，人類的學習過程有七〇%是在正式教育機構之外進行的。而「內隱學習」理論主張學習過程通常是下意識、或並非受意識主導。對於這些超高收入人士來說，他們在校外從事的活動，遠比學校活動還重要。

超過一半的受訪者在校都有參加體育競賽。身為運動員，他們學到如何掌握勝利，以及更重要的，如何應對失敗。他們也學會如何對付挫折，並發展對自己能力的自信心。

不過多數受訪者都沒有參與團體運動，他們只參加個人競賽，例如田徑、滑雪、馬術、游泳、網球或柔道。他們的賽事成績都很優異，曾贏得地區或州比賽的獎項，甚至參加過全國錦標賽。

而這些超高收入士在念書時期賺錢的方法，也很令人吃驚。不像一般青少年或學生的時薪打工，這些人身上有著各種點子與創意，他們什麼都能賣，包括化妝品、廢輪圈、洗車服務、二手車、保險產品、不動產基金、自己配種的動物、珠寶、手工收音機與二手車收音機。毫無疑問，這些經驗塑造出了未來的創業家。

他們學會了創業家的組織、銷售與思考方式。他們也學會（通常是下意識的）對創業家或投資人來說非常重要的隱藏知識。這些早期的創業經驗，等於為他們日後自立門戶做足了準備。

當然，沒有人能主張大學學位鐵定會扯後腿，畢竟許多富裕人士還是念過大學。但學業絕非建立財富的先決條件，而且有錢人最重要的技能與心態，也不是在學校學到的。

死薪水的不投機致富金律

- 創業是創造大筆財富的必要條件——創業者致富的機率是一般上班族的四・五倍。
- 好的員工必須有高於平均水準的適應力與社交能力；而對創業家來說，應對衝突的能力更重要。
- 富豪們通常都不遵守常規，完全不怕獨排眾議。

第三章

大多數人都不是靠最初的職業變有錢

一般人在讀財經新聞時，很容易得出「投資股市是賺大錢的最佳方法」的結論。然而，以金融投資為主要生財之道的人其實很少。在大多數的情況下，自己創業才是致富之道的第一步。

有一份問卷調查了四百七十二位平均淨值為兩百三十五萬歐元的德國人，發現只有二・四％的受訪者是以股市投資為主要財富來源[42]。就連美國這個更喜歡投資股市的國家，在七百三十三位千萬富翁中，也只有一二％的致富主因是來自股票[43]。這份研究的作者表示，雖然許多富翁投資股票，但他們的財富來源是在其它地方——也就是創業或在公司位居要職。

在第十二章，你會了解投資股市也可以是使財富成長的好方法——只要你的投資策略得當。不過像華倫・巴菲特這種靠投資股市發大財的人，實屬少數。

在德國與美國進行的研究，都證實選對職涯是邁向財務成功的關鍵。湯瑪斯・史丹利在他對美國百萬富翁的研究中寫道：「我研究百萬富翁超過二十年，歸納出一個結論：如果你做對一項重大決策，就能達到高經濟產值。如果你夠有創意，可以選到最理想的職業，那你就賺翻了。」

還沒決定大學畢業後要做什麼的年輕讀者，或許可以從本書汲取一些實用的資訊，幫助自己選對職涯。但就算較年長的讀者，假如發現自己「入錯行」，那麼現在換跑道也不嫌晚——**大多數的有錢人都不是靠最初的職業致富**。

至於我自己，我一開始在大學擔任歷史教授，但這份工作並沒有讓我變有錢。馬賽亞瑟·多芬納（Matthias Döpfner）是我在《世界報》擔任編輯時的上司，他有音樂學博士學位。不過音樂也沒有讓他變有錢，他是因為擔任歐洲最大出版公司之一——阿克塞爾·斯普林格（Axel Springer）的董事長而致富。

根據某份德國富裕人士的問卷調查，有三分之二的有錢人在職涯期間至少換過一次職業。並非是跳槽到其他公司做相同的工作，而是轉換到截然不同的職業跑道。該調查發現有九一％的創業家都是如此，不過在中產階級中，這種情況的比例只有四〇％[44]。該研究還發現：「**在職涯期間換過職業的人，躋身富豪的機率是別人的六倍**。」

德國與美國研究結果一致認為，自僱者（尤其是創業家）致富的機率，遠比公司主管還高。

員工的致富機率比自僱者還低，原因當然合情合理，而且後者遭逢財務失敗的風險是

---

42 《致富之路》第二一四頁。
43 《致富之路》第一七四頁。
44 《為什麼他們擁有億萬財富，而你卻沒有？》（*The Millionaire Mind*）第八十三頁。

無限大的。許多高階主管闖下大禍之後，還是能領到好幾百萬元的遣散費，但創業家就必須為自己的任何錯誤或誤判負全責。

待人親和、高敏感的人，不適合創業

並非所有創業冒險都有回報，事實上多數新創公司都在成立幾年後就倒閉了。對於德國與美國百萬富翁的調查，皆顯示他們比大多數人更願意承擔風險（辭去領薪水的工作而創業，對大部分人來說風險非常高）。就此意義來說，財富就是高風險之下的報酬。但千萬別搞錯了：冒險不等於賭博。嚴謹的富豪絕不賭博，而是計算風險。

在前述提到的美國富豪調查中，受訪者被問及過去十二個月內是否曾購買樂透。有趣的是，「錢最少」的富豪中有一半有買，但「錢最多」的富豪（淨值超過一千萬美元）只有二〇%曾經購買[45]。

談到決定創業是否成功的要素，某些特定的人格特質，遠比你在大學主修的科目重要。「特曼生命週期研究」（Terman Life Cycle Study）的研究人員，追蹤加州柏克萊市一千六百位人士長達六十年，發現許多創業家甚至沒念大學[46]。研究人員分析了七百一十八個訪談的資料，以判定哪些人格特質最可能使人邁向創業之路。

該研究觀察了五大人格特質：盡責性、外向性、開放性、親和性與神經質。**發現盡責性、外向性與開放性較高的人最適合創業**，而親和性與神經質程度較高的人則不太可能成功。該研究也指出，具備「創業型」人格的人，在人生中某一階段開創事業的機率，是缺乏創業特質者的兩倍。

此外，創業還需要有反潮流的勇氣。距今一百多年前的一九一二年，奧地利經濟學家約瑟夫・熊彼得（Joseph A. Schumpeter）對創業家的心理進行全面性調查，並首次發表具開創性的《經濟發展理論》（*Theory of Economic Development*）。他的其中一項關鍵發現是，創業家與大多數人相比，比較不受社會規範所引導。基本上，熊彼得將成功的創業家描述為「不墨守成規者」（non-conformist），只是沒真的用到這個詞而已。

熊彼得發現：「社會群體的成員若是有偏離常軌的行為，就會遭到譴責。」他繼續補充：「如此叛逆的行徑，可能會被社會排擠，最後遭到實質上的阻止。」雖然多數人會因害怕遭譴責而避免偏離社會慣例，「但在特定情況下，逆勢而行對許多人來說都具有刺激

45《The Millionaire Mind》第一五五頁。

46 本段落之數據引用自德國心理學家伊娃・施密特—羅德蒙德（Eva Schmitt-Rodermund）。

作用[47]。」

「相較於熟悉且經過經驗測試的事情，嘗試新事物不但比較困難，而且試驗者也會顯得很不情願，就算沒有客觀上的難度也一樣。因此必須有嶄新的想法和意志力，才能在日常工作中擠出時間與餘裕，構想新的組合方式，並將其看作一種真正可行的方法，而非白日夢。要達到這種精神上的自由，就必須在日常需求之外投入大量的心力，而如此違反常理的人當然很罕見。」

因此，「典型的創業家會比其他類型的人更自我中心，因為他對於傳統與人情的依賴較少，而且他背負的特有任務——剛好就是打破舊傳統，創造新文化。」這種創業型人格會主動挑戰難關，為改變而改變，並從冒險中獲得喜悅。

熊彼得想知道這些驅使創業家行動的力量是什麼。他深信：「財務成果只是次要考量，或者被當作成功的指標與勝利的象徵。而展現財力之舉，通常都出自純粹想花大錢的衝動，倒不是真的想消費什麼商品。就努力賺錢者的立場來看，金錢確實能夠表達一個人的成功；而金錢還有一項優勢，就是它能當作客觀事實，不受別人的意見影響。」

熊彼得提出一些主張，證實創業家的主要動機並非只是追求炫耀性消費。他斷言：「創業型人格者，他們的觀念顯然會阻礙自己愉快享受高價商品，因為這些人假如出現『消費』行為，就表示自己太閒散了。」熊彼得定義的創業家，主要是受到兩個動機所驅使：「征服的意志」與「創造的喜悅」，無論他們本人是否意識到。

熊彼得並沒有否認「滿足特定欲望或需求」的渴望能作為激勵因素。「在正常情況下，經濟活動的意義就是滿足需求，畢竟沒有需求就不會有經濟活動。」不過經濟學家通常會低估追求權力與經濟獨立者的「非享樂動機」。「對於現代人來說，如果想要過得宛如中世紀貴族大爺，最快的方法仍然是獲得產業或商業上的成功。」熊彼得說道。

「典型的創業家唯有在氣力放盡、覺得無法再勝任其工作時，才會退出競爭舞臺。而錙銖必較的人會權衡可能的成果與白費的心血，最終達到一個均衡點，只要超過這個停損點就會放棄。但看起來創業家並不是這種人。」

越有自信，就越能成為有錢人

針對創業精神的研究已經明確顯示，選擇創業的人都有很高的自我效能。自我效能的概念在加拿大心理學家亞伯特・班度拉（Albert Bandura）的「社會認知理論」中發揮著關鍵的作用。「自我效能是指人們判斷自己是否有能力，在特定情境下從事特定工作或行

47 熊彼得，《經濟發展理論：對於利潤、資本、信用、利息和景氣循環的考察》。

動。」根據這項理論，「自我效能的判斷，會影響一個人的活動選擇、努力程度、持續的時間、對突發狀況的應對、情緒，以及最終的績效[48]。」

換言之，自我效能是用來描述「一個人對駕馭棘手狀況之能力的自信程度」。光譜的兩端則代表兩種想法：「我可以辦到」（高自我效能）與「我永遠不可能辦到。別人會怎麼看待我呢？」（低自我效能）。

創業學教授勞赫與心理學家弗利斯的研究證實，自我效能的概念，比起其他人格特質，更能預測創業的成功率。「根據某一份整合分析，自我效能與成功的相關性是最高的（相關係數＝〇・四一九）。這樣的相關性，與美國成人身高和體重間的相關性（醫學上最密切的關係之一）一樣高[49]。」

德國某份研究以二十九種人格特質測試了九十八位小公司的老闆，也發現自我效能的相關性比其他特質都還要高（相關係數＝〇・四一），與上一段提到的研究類似。相比之下，成功與冒險意願之間的相關性就微不足道（相關係數＝〇・一一）[50]。

另一份研究則將「自我效能」、「支配欲」與「內在控制」程度較高的創業家，與這三項特質較低的其他創業家比較。結果前者有八九％在事業上獲得成功，而後者只有一一％[51]。

美國的研究也顯示出「創業自我效能」（Entrepreneurial Self-Efficacy，簡稱ＥＳＥ）與

事業成功之間有顯著的關聯，特別是在創業的草創期。ＥＳＥ衡量了「一個人對於自己能否成功勝任創業相關角色與任務的自信程度。」例如創新、冒風險、行銷、管理與財務。

想創業？先撐過「試用期」

所以為了賺大錢，你就應該辭掉領薪水的工作去創業嗎？想成功創業，你必須具備一些技能與特質，以及超出常人的承擔風險意願——許多想創業的人都沒考慮到這點。

可惜的是，學校教育能給的幫助太少了，沒辦法讓年輕學子準備好創業，正如德國經濟學家昆特・法爾汀（Günter Faltin）所說：「傳統的ＭＢＡ課程、以及許多對於創業家的建議，都聚焦於事業的營運面，卻忽略『從正確概念與構想出發』的重要性。」

法爾汀再三強調：「計畫的品質是成功的關鍵因素[52]。」為了創立成功的事業，準創業

48 勞倫斯・佩文（Lawrence A. Pervin），《人格的科學》（*The Science of Personality*）第三八六頁。
49 勞赫、弗利斯，《天生就是創業家？》（*Born To Be An Entrepreneur*）第五十三頁。
50 戈貝爾（Göbel）、弗利斯，〈Persönlichkeit, Strategien und Erfolg bei Kleinunternehmern〉第一〇一頁。
51 戈貝爾，〈Persönlichkeit〉第一〇九頁。
52 法爾汀，《Kopf schlägt Kapital》第十四頁。

家們必須隨時重新思考、調整原本的計畫，直到他們想出比目前市面上更好的解決方案為止（而且最好是「好很多」）。

根據法爾汀的說法，傳統ＭＢＡ課程並未傳授學生足夠的成功創業必備技能：教材有一半太無關痛癢，不用念大學也可以學會；另一半又太複雜，無法實際應用。ＭＢＡ課程比較適合培養學生去大企業上班，而不是創業。以下是法爾汀列出準創業家的準則：

- 培養強大的競爭優勢，立刻讓潛在顧客看見。
- 至少比潛在模仿者領先一步。
- 讓自己的構想不因經濟或科技發展而淘汰。
- 盡量減少財務支出。
- 讓行銷成為籌劃過程中不可或缺的環節。

法爾汀主張，與其說創業家像公司主管，倒不如說像藝術家。根據各研究顯示，創業的失敗率為三〇％至八〇％，因此創業家必須盡可能消除風險因子。「只要你還有疑慮，就表示你還沒準備好創業。」法爾汀承認這個建議違反傳統智慧。「不過，我數十年來的經驗告訴我，傳統概念是錯的。我看過太多失敗的新創事業、太多半吊子構想，以及太多急於做出商業承諾、卻無法達成的人。」

因為無法勝任正職工作而創業的人，大多數都會失敗。我看過許多人不斷從一家公司跳槽到另一家，卻還是找不到容身之處。這些人當中有許多覺得自己比老東家的經營者還聰明能幹。等到他們創業之後，才知道自己仍然是在為某位上司效命，而且這位新上司更不近人情。他的名字叫做「市場」。此外，這些人多半都缺乏成功所需的關鍵特質，尤其是自律。

所以最好在你一頭栽進去之前，先試試水溫。如果你的工作愉快，卻也有創業構想，那何不現在先創業當作第二收入？我就是這麼做。我念完博士之後，在大學當了五年的研究助理。不過這段期間，我也擔任過某間出版公司的顧問、做過廣播節目、寫過報紙書評，藉此補貼收入。

後來，當我在全國性報紙《世界報》擔任資深主編、賺取高薪時，我靈機一動，想替報紙開闢不動產的版面，而我的上司也支持這件事（他因此晉升為歐洲最大出版社——阿克塞爾・斯普林格公司的董事長）。我還想出一些方法，藉由舉辦活動，幫助斯普林格出版社（Springer Group，《世界報》就是它出版的）從不動產的趨勢中獲利。隨後我又說服各大出版社舉辦一場大會，主題是海外不動產投資機會。

接著我想趁這場大會的成功氣勢，再多舉辦幾場活動，但我的上司決定先等一年再說。失望之餘，我還是請求他們讓我舉辦關於房地產稅法的研討會，而風險由我自己承擔。這就是「柏林不動產圓桌會議」（Berlin Real Estate Round Table）的開端。自一九九八年起，已經舉辦過三百六十幾場活動。換言之，我能夠掌握自營的機會，卻不必放棄正職工作的穩定薪水。不久，我自營而來的收入已經追上正職的薪水了，這也使我有信心自己創業。

二〇〇〇年，我想創立一家顧問公司，提供不動產公司關於定位與宣傳的建議諮詢。當然，如果我一邊開公司、一邊當編輯，可能會有利益衝突，因此我知道抉擇的時候到了。很巧的是，當時有一間大型不動產公司的董事長，打算挖角我擔任策略與傳媒總監。我婉拒了，但還是告訴他我想創業。當下他就成為我的第一位客戶，而且接下來幾週，我又獲得其他幾間公司相挺，因此我辭掉報社的工作，成立自己的公司。

接下來幾年，我成立了「齊特曼博士出版公司」（Dr.ZitelmannPB. GmbH），它成為德國首屈一指的不動產企業顧問公司，直到十五年後，我透過ＭＢＯ（Management Buy-Outs，管理階層收購）將它售出。

我有一位熟人是很成功的房仲，他目前的工作也是還在製造業上班時，從兼差做起的，每天五點下班後就搖身一變成為房仲。雖然他經常工作到半夜，但他從未荒廢正職工作，甚至還升官了。我還認識某位仁兄，開了一間健身房當副業——當時健身產業還在草創期，所以就算他的健身房只在晚上五點到十一點營業，也還是能獲利。

你最好透過「試用期」來看看自己有沒有創業成功的必備條件，這絕對是將創業風險降至最低的好方法。但也要小心別因此荒廢了正職工作。假如讓老闆有理由懷疑你並未全心投入工作，你很可能就會喪失了機會。所以你要比以前更機靈！

當你覺得踏出最後一步、完全自立門戶的時候到了，你應該訓練適當人選接替你目前的工作。遞辭呈時沒有提出適合的替代人選，是很不忠誠且不負責任的。我辭掉報社的工作時，就推舉我的副手（他從另一個部門調過來不動產部門與我共事）接替我的工作。我相信他一定能把這份工作做得很好。

我很幸運，而且我的直覺判斷也很正確。我的公司很快就成為我們所選定利基市場的領先者。雖然從一開始我的公司就獲利頗豐，但前幾年我還是過得很節儉，住在出租公寓，開著中價位的車。

我也有其他的經驗，告訴我不能將成功視為理所當然。二〇一〇年，我成立了一間模特兒經紀公司，名叫「CAT模特兒管理股份公司」（CAT Model Management AG），而我對它有著極具野心的規畫。我僱用幾位經驗老到的經紀人與星探，他們之前都在不同國家的知名經紀公司工作過，像是福特模特兒公司（Ford Models）、菁英模特兒管理公司（Elite Model Management）或是百萬超模公司（Megamodels）。

雖然我們努力替自己掙得了一點名聲（有些我們挖掘到的模特兒，登上了《Vogue》與其他時尚雜誌，還在柏林時裝週登臺亮相），但我很快就發現自己無法在短期內達到收支平衡。我曾想過要買下另一家經紀公司（或它的股份），但當我仔細回想其他頂尖經紀公司的KPI之後（這些公司的老闆遠比我了解模特兒事業），更證實了「這個產業很難賺錢」的想法。於是我決定不收購其他經紀公司的股份，以減少我的損失，並解散CAT模特兒管理股份公司。

綜上所述——自僱者與創業家遠比公司主管更有優勢賺大錢，但也不要低估伴隨而來的風險。在你辭掉正職工作之前，先用兼差試一下自營的感覺會比較好。成功的創業家有很多值得學習的地方，但你可以從失敗的創業家身上學到更多。

要記住一件事：通常創業需要的錢會比你預期的還多。而且如果你的事業構想唯有照著計畫走才可能成功，那你鐵定會失敗。一旦你成立公司之後，一定需要實驗許多不同的方法，而這需要耐心、大膽以及金援。

如果你依賴外部投資者的金援，千萬別低估他們的急性子：創投資本家通常在一間公司真正有機會做起來之前，就早早撤資了。對於你的贊助者來說，你只不過是其中一個項目而已，他們非常務實，不會把雞蛋放在同一個籃子裡，並且通常都抱著贊助對象多半會失敗的心理準備。所以這件事也是你在創業之前該注意的。

我完全不是在潑你冷水，只是想警告你，別誤以為創業就是所有人共通的致富之道。如果財務穩定對你很重要，那你最好專心當個公司主管，存點錢之後再聰明投資，使你的財富穩定成長。

無論你的目標是爬上公司管理階層的頂端，或是成為自僱者、創業家來賺大錢，**除非你學會銷售之道，否則你的發展十分有限**。這也是為什麼下一章要專門談銷售能力，因為不管哪一種事業，它都是最重要的技能。

死薪水的不投機致富金律

- **職涯期間換過職業的人，躋身富豪的機率是別人的六倍。**
- **盡責、外向、開放性較高的人，最適合創業。**
- **因為無法勝任正職工作而創業的人，大多數都會失敗。**
- **降低創業風險的最好方法：透過「試用期」來看看自己是否具備成功的條件。**

第四章

薪水最高的，永遠是業務

自從我辭去大學講師的工作之後，就在德國大型出版社「烏爾斯坦出版社」（Ullstein-Propyläen-Verlag）擔任資深編輯。出版業並不是以高薪聞名的產業（我這樣說已經算客氣了），烏爾斯坦也不例外。然而，我發現有一個人賺得比其他人還多，連執行董事與最資深的編輯都自嘆不如。他就是這間公司最厲害的業務員，負責說服書店與百貨上架我們出版的書。

薪資數據顯示，業務主管一定賺得比其他資深經理多。他們位於薪資階級的最高層，商務、技術、財務、人資、研發主管都比不上他們。無論你從事什麼職業、無論你受僱於人還是自僱，銷售的職位一定是最高薪。

就連在大型銀行內，負責併購案的投資銀行家也通常賺得比董事多。唯一的差別在於，上市公司董事的薪資會印在報表上，但投資銀行家不會。擅長併購的投資銀行家，就等於是買賣公司的業務員，而他們的薪資大部分都來自於佣金。創業家無法成為優秀業務員的話就賺不到錢，如果缺乏銷售能力，唯一的彌補方式就只能授權給別人。

銷售就是把「不」變成「好」的過程

先前提到過，我為了博士論文《財富菁英》，與四十五位超級有錢人促膝長談過。無論他們從事哪個產業，有約六六％的受訪者宣稱銷售能力是他們獲致成功的決定性要素。超過三〇％的受訪者，甚至將自己七〇％至一〇〇％的財務成功歸功於自己的銷售才華。儘管許多受訪者乍看之下不符合業務員的刻板印象，但這正是他們成功銷售的祕訣。

對於這些有錢人來說，銷售絕對不只是單純行銷一套流程、產品或服務而已。他們對於銷售的定義更廣泛，把它視為**說服別人的過程**——例如說服官員核准房地產建案、說服應徵者進公司、說服員工共享你的願景、或說服銀行行員核准貸款。一位受訪者解釋道：「所有事情都是銷售。」在銷售流程初期經常遇到的「不」，對這些受訪者來說根本不算壞事，許多人都說把「不」變成「好」正是他們最大的快樂泉源。

許多人強調，若要辦到這點，就需要極大的同理心。他們還強調一個重點：唯有「讀懂人心」，才能了解對方的恐懼、心防與反對的理由，並進而消除它們。有幾位受訪者認為自己特別敏銳，甚至是很厲害的心理學家。

除了同理心，專業知識也很重要，不過這必須結合適度的說教技能。受訪者經常提到「**能夠清楚解釋事情**」**是銷售成功的關鍵能力**。人脈的重要也被反覆強調。受訪者說明了自己如何透過勤奮、承諾、努力不懈與真誠來建立人脈，進而打下財務成功的基礎。

這些人的銷售技能並不是在學校培養的，訪談後發現多數的富翁都是在青年時期學會銷售。他們剛開始在校外賺錢的時候，從事的大多不是無需技能的時薪打工，而是銷售工作。而他們就藉此獲得銷售經驗，為日後的財富打下基礎。

然而銷售技能並非只對創業家很重要，任何想致富的人也都必須懂銷售。醫師、會計師或律師等職業，經常沒意識到自己的財務成功程度，可以依靠優秀的銷售能力更上一層樓。當然，技術專業是他們的事業基礎，可是超過一定程度之後，病患或客戶就無法評價這類技術專業了。

除非**你推廣自己的事業、將自己定位為目標受眾必找的專家**，然後藉此吸引客戶，否則你的深度專業將無法轉化為高於平均的收入。你的**潛在病患或客戶寧可去找資格條件與你相同、但更擅長銷售其專業的競爭者**。

對演藝事業來說，品牌建立與定位也是不可或缺的技能。流行樂產業中收入最高的人，不是歌唱得最好的人，而是精通自我推銷之道的歌手。這個道理某種程度上甚至也適用於高收入的運動員。當然，優秀的能力是先決條件，但擅長行銷自己並建立品牌，證明自己不只是四肢發達的運動員，比較能獲得大型廣告合約。

阿諾·史瓦辛格（Arnold Schwarzenegger）在運動、電影產業與政治界都很成功，過去還曾是收入最高的好萊塢演員。他在自傳中寫道：「這輩子無論你做什麼事情，銷售都是其中的一部分……一個人可以是偉大的詩人、作家或實驗室的天才，但就算你把事情做得再好，沒人知道的話，你就什麼都不是[53]！」

為什麼不管哪個領域，銷售職位都能領到最高薪？就跟商業世界的任何事情一樣，薪資是由供需法則決定的。大多數人都不喜歡銷售，他們說自己「沒有業務員的必備特質」，認為自己「對銷售一竅不通」。優秀的業務員很稀少，所以他們賺得比其他人多——就是這麼簡單。若想精通銷售，就必須結合特定技能與鮮少人擁有的人格特質。以下是優秀業務員需要的特質：

- 討喜的個性：為了精通銷售，你必須讓別人覺得你既討喜又值得信任。
- 優秀的建立人脈技巧：你必須敞開心胸認識陌生人，而且無論到哪裡都要拓展你的人脈。
- 對於挫折的高容忍度：任何優秀業務員都有一個關鍵技能，就是不會因為被拒絕而放棄。優秀的業務員不接受「不」這個答案，而是努力把最初的「不」變成「好」。而優秀的業務員也知道自己在敲定交易時，聽到的拒絕之詞一定比肯定答案還多。
- 高度同理心：設身處地聆聽對方說詞的能力——但也要貫徹到敲定交易為止。

---

53 阿諾・史瓦辛格，《全面回憶：我難以置信的真實人生故事》（*Total Recall: My Unbelievably True Life Story*）第六〇六頁。

・適度的自信：如果你缺乏自信，就無法培養足夠的挫折容忍度。

・必備的專業技術：你賣的產品或服務越貴，這項特質就越重要。除非你有可靠的專業技術，否則你無法銷售數億美元的商業不動產，或數十億美元的公司。

這些特質將會決定一個業務員的業績與薪資。為了精通行銷，你必須盡可能將這些特質發展至高水準。

業務員的薪水也比其他專業領域更直接，且明顯依供需而定。頂尖業務員（無論他們是房仲、投資銀行家、理財專員或藥廠代表）的薪資絕大部分都是獎金或佣金，而這兩者又是依業績而定。

優秀業務員領高薪的理由還有一個：高薪不但是為了補償他們被拒絕過好幾次（哪怕最優秀的業務員都是如此），也是因為他們相對缺乏「保障」。業務員永遠無法安於現狀，不像其他的高階經理人還能忙裡偷閒一下。

每個月月初，業務員就得從零開始。昨天的銷售數字已沒有人在乎，唯一重要的是他們今天的業績。想要安穩的人會謀求公職，而想靠風險與機會飛黃騰達的人，就會做銷售工作。對於後者來說，高收入的前景比安穩的終身職與固定薪水更具意義。

換言之：頂尖業務員唯一擁有的工作保障，就是他的自信。比起追求勞基法所帶來的安穩，優秀業務員更相信自己的技能與能力，能夠月復一月的敲定交易，持續賺進高薪。他們也知道自己永遠都很搶手——尤其在經濟蕭條的時候，公司更需要他們的才華，在艱困的經濟條件下贏得新生意。

就算對沒有學位的人來說，銷售工作也比其他領域更有機會賺取高薪。成績單這類正式文憑與銷售毫無關聯，因此銷售員比其他需要高學歷的職業，更容易達成社會流動（譯按：個人在階層裡向上、向下或水平的流動情形）。就算你不是從事銷售工作，你還是要有銷售能力。甚至連正職工作也不例外。

很少人只靠做好本分來獲得成功，他們還必須向公司的其他人宣傳自己的努力成果（以及品牌）。許多人會說：「我不是這種人，不擅長這種事。」如果是這樣，你可以二選一：接受別人獲得成功並看著他們達成你渴求的生涯發展，或學會宣傳自己與你的努力成果。你必須把自己變成品牌，也就是「自我品牌」。

以醫師為例，他如果能夠更成功的把自己定位為某個領域的專家，通常就會賺更多錢：他可以發表文章、上臺演講或善用網路帶來的機會。例如整形外科，就是一個生意興隆但也有著高度競爭的市場，如果不適當定位自己就不可能成功。線上策略是現今市場的關鍵，若想要獲得商業上的成功，你必須有好的搜尋引擎最佳化（Search Engine Optimization，簡稱SEO）策略，確保你的潛在客戶、病患可以找到你的網站。

另一方面，如果你深受幻覺所害，認為資格條件更好的人會自動獲得競爭優勢，而不必從事任何銷售或行銷活動，那你也只能無助的看著別人超越你——甚至是條件比你還差的人們。

這就是為什麼我建議沒有從事銷售的人也要參與銷售訓練、閱讀關於銷售能力的書、並且費心處理行銷問題。有許多好書都在談「自我銷售藝術」，就連宣稱對自我宣傳感到「絕望」的人都能受到它們幫助。美國行銷專家凱薩琳・卡普塔（Catherine Kaputa）直言：「儘管別人跟我們說『才華是王道』，但現實比較接近『能見度是王道』。才華是很重要沒錯，但**超級成功者與表現普通者的差別，就在於能見度**。」

很多人不敢宣傳自己，我認為有兩個原因：第一，他們缺乏堅定的自信；第二，他們下意識將「自我宣傳的能力」與「自不量力」、「自吹自擂」等習性聯想在一起。可是這跟真正需要的特質完全相反。你會驚訝的發現，誠實（而不是裝謙虛）是在商業世界成功的必備條件。請接著讀下一章，你就會了解原因[54]。

死薪水的不投機致富金律

- 普通上班族想得到高薪，業務是你最好的選擇。
- 銷售不只是賣出一件產品，而是說服別人的過程。
- 潛在客戶通常會去找資格條件相同，但更擅長行銷其專業的人。
- 優秀業務員需要的特質：討喜的個性、建立人脈的技巧、對挫折的高容忍度、高度同理心、適度的自信、必備的專業技術。

54《我，就是品牌》（*You Are a Brand: How Smart People Brand Themselves for Business Success*）第二四〇頁至二四一頁。

第五章

有錢人都不道德？那是你的窮酸心理在作祟

二〇一八年，為了我的研究《輿論下的有錢人》（*The Rich in Public Opinion*），我委託研究機構「益普索莫里」（Ipsos MORI）在美國、英國、法國與德國調查，以了解人們對於有錢人的想法。這份調查是同類型中第一份國際性的比較研究。

我們提出一份人格特質清單，給世界各地超過一千名受訪者，並問道：「你覺得下列哪些特質最適合形容有錢人？」美國人大多數都選「有智慧」、「唯物主義」與「勤勞」。而德國人對於有錢人的看法則更負面，大多數人都選「自我中心」、「唯物主義」與「無情」。

但無論各國的答案有什麼差異，我們調查的所有人都有一個共識。四個國家中，「誠實」都是最難與有錢人聯想在一起的人格特質。各國形容有錢人很「誠實」的受訪者，百分比為德國：三%、美國：八%、法國：七%、英國：七%[55]。

有錢人都不道德？那是窮人的補償策略在作祟

德國另一份調查想找出人們認為有錢人致富的原因，結果有五二%的受訪者認為，有錢人是透過「不誠實」來建立財富的[56]。

不過，在許多情況下，這只是無法賺大錢的人失敗的藉口：「我很誠實，所以沒機會變有錢。」就社會心理學的觀點來說，他們有這種反應是完全合理的。

在這樣的背景下，我在自己的研究《輿論下的有錢人》中，發展出名為「補償理論」的心理學機制。當某群體認為其他群體在經濟方面更成功時，其成員可能會發展出補償策略以維持自尊。社會階級較高的人，自然較容易接受社會排名的準則（例如經濟或教育水準），因為他們自己就位於階層頂端，傾向在社經與文化領域區隔自己與其他群體。

而社會階級較低的人，則傾向仰賴道德準則。勞工與中低階級通常會把道德準則當成一種衡量標準來強調，他們認為這樣就能勝過那些在社經與文化方面贏過自己的人。

對於某些人來說，為了維持自尊，光是指出自己也很有料，或是強調自己某方面做得特別好，是不夠的，他們還必須指控其他社會群體（在此情況下是上流階級）在某些方面是失敗或不足的，而且這些方面也剛好是指控者所擅長的。

「沒錢人」會訴諸一些補償策略，讓大家懷疑經濟上的成功，是否真的是決定幸福程度的關鍵因素，並且優先於其他價值——像是人際關係、道德與家庭生活。如果要覺得自己勝過有錢人，人們就必須相信自己在擅長領域的表現不輸有錢人（或甚至更好）。有錢

55　《輿論下的有錢人》第二七六頁。

56　《Reichtum im Urteil der Bevölkerung. Legitimationsprobleme und Spannungspotentiale in Deutschland》第六十五頁。

人的刻板印象——冷酷、家庭生活不美滿、人際關係差、自私、缺德。這些缺點會帶給一般人某種優越感，以補償自己沒錢的自卑感。

「社會弱勢階級」認為自己在某些領域勝過有錢人，但這些領域有個共同特徵，就是它們多半都經過主觀詮釋。如果使用客觀尺度的話，就很容易顯示出誰比較有錢、或教育程度較高。但人際關係最好或家庭生活最美滿的人，就無法用客觀標準判斷了。這類判斷更仰賴主觀詮釋，像是婚姻的幸福程度，外人幾乎不可能判斷。

人們認為外團體（譯按：人們自己不隸屬，也不認同的團體，例如有錢人）具有才智、勤勞或其他高能力特質，卻缺少了道德特質。而這種想法也造成了深遠的結果。我們從知覺研究的領域中得知，人們對於他人與其他社會群體的評價，是先以道德特質為基礎，而能力特質絕對是其次。研究指出，人們對他人的看法，約有七五%是由道德與能力，這兩個關鍵因素決定的[57]。

假如人們傾向將有錢人視為有能力、但道德有問題之人，那麼道德就會成為比重遠高於能力因素的判斷標準。如此一來，人們對有錢人的整體評價就會失去平衡，變成全面的負評。

二〇一二年二月，有一份研究似乎又強化了「有錢人絕對不誠實」的普遍假設。美國研究人員發現，在假設情況下，上流社經階級比較會把廁所衛生紙偷回家，或是使用盜版軟體。他們也發現高級車車主通常比較不顧慮其他駕駛[58]。

所以有錢人真的比一般人缺乏道德嗎？他們的行為真的比較容易違反倫理或法律嗎？既然這樣，為什麼暴力犯罪（謀殺、過失殺人、嚴重的身體傷害）與累犯在社會低階層更普遍？

為了解釋上述事實，有些研究人員主張，人們可能會根據社會地位不同，而犯下特定的罪行。二〇〇四年，德國社會科學家吉多・梅爾科普（Guido Mehlkop）在其社會研究中（主題為「理性選擇下的犯罪」）發現，無論哪個社會階級的人，在「不誠實會有收穫」的特定環境下，他們就會比較不誠實。根據梅爾科普的研究[59]，逃稅在上流階級比較普遍，因為他們可以從逃稅中獲利；至於低階層的人就不用提了，因為他們賺的錢少到根本不用繳稅。

此外，這份研究也顯示，商店行竊在低社會階層中比較普遍。梅爾科普推斷，原因在

57 沃切斯克（Wojciszke）、巴津斯卡（Bazinska）與賈沃斯基（Jaworski），〈論道德範疇主導印象形成〉（*On the Dominance of Moral Categories in Impression Formation*）。

58 〈研究顯示，有錢人比較會說謊與騙人〉（*Rich People More Likely to Lie, Cheat, Study Suggests*），出自「生命科學」（Live Science）新聞網站，二〇一二年二月二十七日。

59 梅爾科普，《Kriminalität als rationale Wahlhandlung》第一一九頁。

於上流階級無法從順手牽羊撈到什麼好處，所以比較不會這麼做。

不可否認，的確有些人是靠不當手段致富。而我認為，任何透過傷害別人賺來的財富，都是不道德的。本書中建立財富並使其成長的方式，都完全不涉及非法或傷害別人的行動。

這不只是道德原則的問題，也是風險與機會的理性計算。根據德國聯邦犯罪調查局公布的數字，二〇一三年德國白領犯罪共有七萬一千七百件，造成價值三十八億兩千萬歐元的損失，而且未舉報的案件也應該滿多的。不過，被逮住的風險也很高。白領犯罪的破案率為九二%，比其他犯罪高了快四〇%[60]。

財務成功的第一要素——誠實

誠實不只是美德，也是事業競爭優勢。商業理論家湯瑪斯・史丹利調查了七百三十三位富翁，詢問他們認為自己財務成功的最重要因素為何。結果受訪者提到的三十個因素中，誠實是最常被提及的。五七%的受訪者宣稱「誠實對所有人都非常重要」，還有三三%的受訪者認為，誠實對事業成功來說很重要[61]。

你可能會懷疑這樣的結果或許只是「場面話」——畢竟受訪者將自己的事業成功歸功

於高尚、正面的特質，不是很理所當然嗎？不會有人歸功於負面特質吧！關於這種質疑，我還有話要說——只有二〇%的受訪者認為「過人的智慧」是「非常重要」的成功因素。智慧在三十個因素中排名第二十一，但誠實是排名第一。只有一四%的受訪者認為「量入為出」是「重要」因素，因此「節儉生活」在三十個因素中只排名第二十四。如果受訪者想要在調查中炫耀自己的正面特質，為什麼節儉與過人智慧的排名這麼低？更何況這份調查還是匿名的，即使炫耀也沒人知道。

為什麼誠實會成為財務成功的關鍵因素？其中一個原因，或許是因為在商業關係中，「信任」是非常關鍵的環節。安永會計師事務所（Ernst & Young）曾做過一項調查，探討信任在瑞士中型企業中所代表的意義。研究發現，因人格特質與技能而產生的信任，在商業關係中扮演著不可或缺的角色。當然，對於誠實與忠誠之類的價值是否言行合一，也會影響信任程度。

該研究指出，公司規模大小與商業關係的持續時間，都不是建立信任感的關鍵因素。「換言之，如果兩家公司目前建立了關係，他們的合作時間長度只是次要因素。有鑑於這些

60《德國明鏡週刊》網路版（*Spiegel-online*），二〇一四年七月二十四日。

61《The Millionaire Mind》第四十五頁。

發現，公司經常會因為某些關鍵決策者跳槽而流失一部分客戶，也就不令人意外了[62]。」

安永的這份研究也顯示「以信任為基礎的夥伴關係」會構成「策略性事業優勢」：「一個人若是能信任自己的事業夥伴，行動就會更快速、更有效率，並更能提供創意與創新的空間。」

美國企業家約翰・洛克斐勒（John D. Rockefeller）在他那個時代是全世界最有錢的人，他曾說道：「我的成功人生主要歸功於我對別人的信心，以及我能夠讓別人信任我[63]。」為什麼有錢人認為「信任」如此重要？你又該如何建立信任？

無論個人或商業關係，信任主要依三個因素而定：

1你過去與對方相處的經驗：你的事業夥伴信守諾言嗎？他一直都是誠實的嗎？

2對方的名聲：你的事業夥伴至今的行為誠實且可靠嗎？其他事業夥伴跟他相處的經驗又是如何？

3直覺：你是否信任一個人，除了靠有力證據判斷，通常也會仰賴直覺。

行為不誠實就是在冒風險，你可能會失去事業成功的最重要基礎——他人的信任。當然，不誠實或欺騙的行為有可能為短期帶來成功，但你的事業夥伴一定會發現。而我們都知道，數年甚或數十年建立起來的信任，也可能在短時間內（幾天，有時只要幾小時）就被摧毀殆盡。

況且，很少人可以演技精湛到一直不誠實卻沒被抓到。當然，有些人確實騙人騙了好幾年（重婚者、投資詐欺犯、惡棍銀行家），但幸好他們只是極少數。大多數人的演技都不怎麼樣，所以贏得他人信任的最簡單方法，就是讓自己值得信任，也就是誠實。

那為什麼許多人還是覺得有錢人必定是透過不誠實的手段致富？因為他們覺得商業關係是「零和賽局」，即其中一方的獲利必定是另一方的損失。但這其實不是常態。長遠的事業關係必須依循兩方的共同利益，也就是雙贏。

我們大多數人都曾經被不誠實的事業夥伴搞得很失望、甚至被他們敲詐。這就是為什麼聰明的生意人都同意華倫・巴菲特的話：「跟壞人是談不成好生意的。」巴菲特的好友大衛・克拉克（David Clark）與巴菲特的媳婦瑪莉（Mary）合著的《看見價值：巴菲特一直奉行的財富與人生哲學》（*The Tao of Warren Buffett*）中，提到這位投資大師的商業哲學裡有個篩選合作對象的標準：「如果你曾在心裡問過自己：『我信任這個人嗎？』那你就

---

62 安永，〈Vertrauen Zahlt sich aus〉第七頁。

63 羅恩・切爾諾夫（Ronald Chernow），《洛克菲勒》（*Titan: The Life of John D. Rockefeller, Sr.*）。

應該立刻離開談判桌，然後找一間更誠實的公司做生意。你可不想在快要跳出飛機之前，才懷疑自己的降落傘能不能打開；同理，你也不想在快跟對方談成生意之前，才懷疑對方是否正直。」

巴菲特的商業實務就是圍繞著「誠實」與「正直」這兩個中心信條運作。有一次他買下一間家具店，卻沒有要求稽核前店主的帳目，令前店主非常驚訝。巴菲特的媳婦說道：「他只問對方店面值多少錢，對方告訴他之後，隔天他就簽了一張四千萬美元的支票給對方。對方問他為什麼不查帳？他回答：『你比我的會計師值得信任太多了。』」

在商場上不誠實，不只是缺德，還很不理性。因為這代表冒著高風險卻只得到極少的好處。例如許多高階主管都因為虛報費用而葬送大好前程。為了幾百美元而賭上你的前途，真的值得嗎？有什麼回報是值得你丟掉飯碗的？為什麼要留把柄給公司裡的死對頭？為什麼要把命運交給知道你不誠實的助理手上？

對華倫・巴菲特來說，不誠實會讓交易破局。「如果要僱用某人，你必須觀察三個特質：正直、智慧與精力。但最重要的是正直，因為假如你僱用的人不正直、卻有另外兩個特質，那你就死定了。」巴菲特堅持不做無法通過「報紙頭版測試」的事情：「我希望員工自問，他們是否願意看到自己的密謀行為被刊在地方報紙頭版上，然後被配偶、小孩與朋友讀到，而且還是由一位善於批判的記者所寫的報導[64]。」

巴菲特說，不只要問自己「是否合法」，還要問自己「是否合乎道德」。所以下次如果有人告訴你「敲詐別人就是致富之道」，請你糾正他。更何況，在商場不誠實，是一種缺乏自信的表現。為了致富而訴諸於不誠實、甚至犯罪手段的人，顯然並不相信自己能靠其他方法致富，否則何必冒這麼大的風險？「光明磊落就能賺大錢，不需要走旁門左道。」巴菲特說道。

死薪水的不投機致富金律

- **認為有錢人道德標準普遍較低下，只是窮人的補償心理在作祟。**
- **誠實是財務成功的第一要素，巴菲特也說過：「跟壞人是談不成好生意的。」**

64 《雪球：巴菲特傳》（*The Snowball: Warren Buffett and the Business of Life*）

第六章

死薪水的致富基礎，不動產和股票

一九九〇年代中期，湯瑪斯・史丹利與威廉・丹寇（William D. Danko）合著的《下個富翁就是你》（*The Millionaire Next Door*）瞬間爆紅，最大的原因是它揭露的數字很驚人。這兩位研究人員的全面性問卷調查中共有兩百四十九個問題，受訪者為一千名美國人，平均收入為三百七十萬美元。

其中三個問題是：「你的父母非常節儉嗎？」、「你很節儉嗎？」、「你的配偶比你節儉嗎？」而大多數受訪者對這三個問題的回答皆為「是」。當被問及花錢習慣時，這群百萬富翁揭曉了一些驚人的事實：

- 五〇％的受訪者從未花費超過三百九十九美元買西裝，而七五％從未花費超過五百九十九美元。
- 五〇％的受訪者從未花費超過一百四十美元買鞋子，而七五％從未花費超過一百九十九美元。
- 五〇％的受訪者從未花費超過兩百三十五美元買手錶，而七五％從未花費超過一千一百二十五美元。
- 五〇％的受訪者從未花費超過兩萬九千美元買車，而九五％從未花費超過六萬九千美元。

除了一四%繼承財富的受訪者之外（他們平均花費三萬六千美元買一臺車），其他百萬富翁平均花費兩萬七千美元買一臺車——只比當時美國大多數人的平均費用多二二%。更令人吃驚的是，只有二四%的百萬富翁有買車，而且只有二〇%的百萬富翁會去租車。

幾年後，史丹利又做了一個研究，發現受訪的百萬富翁中，九九%以上不曾購買或租用以下品牌的車：奧斯頓・馬丁、藍寶堅尼、蓮花、法拉利、勞斯萊斯、賓利。此外，七九%的受訪者不曾購買、租用BMW或凌志，七五%不曾購買或租用賓士。美國百萬富翁最喜歡的車子不一定是高級車，而是低調的福特。

二十六美元的酒，是請客的上限

在史丹利的研究中，富翁被問及他們請好友或鄰居喝酒時，會花費多少錢。九〇%的人說他們最多花二十六美元，如果是自己喝的話甚至更少。而有九五%的人就連在自己最愛吃的餐廳，也不會花超過四十美元[65]。

65 史丹利，《別再裝有錢》。

史丹利也在《下個富翁就是你》一書中指出，**大多數百萬富翁的致富主因都是節儉**，而非高收入。他將高收入人士分成兩個花錢習慣天差地遠的族群：PAW（Prodigious Accumulators of Wealth，高財富累積人士）與UAW（Under-Accumulators of Wealth，低財富累積人士）。

兩個族群的年收入都高於平均值，分別為七十三萬美元與七十一萬五千美元。然而，PAW的平均資產為七百五十萬美元，UAW只有四十萬美元。研究發現：「UAW有入不敷出的傾向；他們非常注重消費。而且他們輕忽了建構財富所需的許多關鍵要素。」

平均來說，PAW每年花八千七百美元買衣服，而UAW每年花三萬美元。前者每年花一萬兩千美元在車子上，繳一萬四千六百美元的房貸；後者每年花七萬兩千美元在車子上，繳十萬零七千美元的房貸。

在二〇〇九年出版的著作《別再裝有錢》中，史丹利創造了「損益表式富人」這個詞，來形容愛花錢而不未雨綢繆的高收入人士。而光譜的另一端是「資產負債表式富人」，他們有效且系統性的建立財富。史丹利提供一個簡單的公式，以計算你屬於哪一類人：將你的年收入乘以年齡再除以十，就是你的預期淨值。換言之，一個五十八歲、年收入十萬美元的人，身價應為五十八萬美元。

耐人尋味的是，「資產負債表式富人」（高淨值人士的前二五%）的實際財富比預期高了二・四九倍：前述例子中的五十八歲人士，身價有一百四十四萬美元。反觀「損益表式富人」（高淨值人士的末二五％）累積的財富，只有預期財富的六六・五％（以中位數計算），因此那位五十八歲人士的淨值將只有三十七萬九千九百美元。

兩個族群都聲稱自己的目標是「變有錢」。但變有錢對於兩個族群的意義截然不同：「損益表式富人」想要盡情揮霍，而「資產負債表式富人」則為了財務獨立而努力。

某些職業的損益表式富人占的百分比高很多，但其他職業則是資產負債表式富人占多數。二〇〇六年，三百八十三位高收入醫師與兩百七十五位高收入律師中，只有一百人是資產負債表式富人；而一百位職業為農夫的資產負債表式富人中，只有五十三位是高收入人士。這些數字還滿令人意外的，它們顯示**有許多高收入人士無法成為富翁**，反過來說，**有些富翁也不是高收入人士**。

在史丹利的另一本書《為什麼他們擁有億萬財富，而你卻沒有？》中，觀察了七百三十三位百萬富翁的生活方式。他發現：「百萬富翁（甚至多數的千萬富翁）不會透過消費商品來享受生活。他們的喜悅與自我滿足，更多是來自於家人、朋友、宗教、財務自由、身體健康，或許還會打一下高爾夫球。」

雖然九七％的美國百萬富翁有房子，但很少人住豪宅。他們的房價中位數是七十五萬美元，而且主要是在買下之後增值的——購入價的中位數是四十五萬三千美元，而有七五％的人住在一九七八年之前蓋的房子。

完全抵押房子、等增值、然後再抵押以賺取用於支出的資本，在美國是很常見的做法，不過研究證實百萬富翁們很少這麼做。他們當中有三九・九％已經付清所有房貸。更有一〇％的房貸低於十萬美元。

書中更進一步的提問也揭曉了許多驚人的細節，足以粉碎大家對於「浪費的有錢人」的刻板印象：

- 七〇％的百萬富翁宣稱，他們會把穿破的鞋子拿去修，而不是買新的。
- 五〇％的百萬富翁會修舊家具或換墊子，而不是整組換掉。
- 五〇％的百萬富翁曾因長途電話太貴而換過電信供應商。

當被問及過去十二個月做過哪些事，史丹利調查的美國富翁們有八五％說他們跟會計師聊天、八一％逛過博物館、六四％捐錢給慈善機構。美國人一般認為有錢人會從事的活動，有錢人反而不怎麼喜歡：只有二〇％曾經駕駛過帆船或在巴黎度假；四％曾在阿爾卑斯山滑雪；三％曾經搭郵輪環遊世界。

研究人員還請百萬富翁記錄自己三十天的活動：九三％陪小孩或孫子；八八％跟朋友

聚會；四六％去麥當勞或漢堡王吃飯；三一％去沃爾瑪（WalMart）或凱馬特（Kmart）購物；但只有二六％去逛薩克斯第五大道（Saks Fifth Avenue）之類的高級百貨。

自由與獨立，比奢侈品更吸引人

在我的研究《財富菁英》當中，我深度訪談了四十五位超級有錢人，請他們解釋聽到「錢」會聯想到什麼，而他們就這個主題給了許多有趣的角度。

- 安穩——也就是「除非我犯大錯，否則我不會有財務問題」。
- 自由與獨立。
- 花錢買新東西與投資的機會。
- 有能力負擔更優質的生活。
- 有錢會使你有自信搞定許多事情。
- 儘管可能會被仇富的人嫉妒，但你的知名度會提高，也就有機會認識有趣的人。

首先，受訪者認為與金錢最有關的面向是「自由與獨立」，大幅領先其他面向，只有五位受訪者給它低於七分的分數。根據分析受訪者答案的結果，有二十三人給予「自由與獨立」最高分（十分），但只有九人給予「安穩」最高分，至於「有能力負擔更優質的生活」，只有兩人給予最高分。

答案顯示，這些富裕的受訪者認為自由與獨立是很重要的。幾乎所有受訪者（包括超過七十歲的）都持續在工作，而且花了大量時間在自己的專業活動上，儘管他們根本不必為了財務理由而工作。

另一方面，並非所有受訪者都很嚮往「有能力負擔更優質的生活」，不過還是有十三位受訪者覺得這個因素非常重要；相比之下，有十位受訪者完全無視此因素、或覺得它不重要。其中一位最有錢的受訪者是以清心寡欲聞名的，對於「有能力負擔更優質的生活」這個概念的反應很唐突。他簡短回答道：「問下一題吧，我不在乎這個。因為我總是只看到難關與我想創造的事物，而我需要錢來克服難關與創造那些事物。」對於這位富翁來說，金錢就只是克服創業難關的必備工具而已。

另一位受訪者被問及金錢在他生活中扮演的角色、以及金錢是否能讓他買更好的東西，結果他的回答也很草率：「這我沒興趣。」還有一位受訪者的答案只有短短四個字：「我沒有買。」尺度從零到十分，他只給這項因素一分。

為了替昂貴的奢侈品牌建立市場機會，市場研究人員調查了收入足以負擔奢侈品的人。受訪者被要求為自己對於奢侈品的喜好程度評分，尺度從一到十。中國有錢人平均分數為八・二，是最喜愛奢侈品的國家，接下來是美國人（六・八）與德國人（六・一），日本人排最後，平均分數為五・六[66]。

換言之，難怪全世界各大國家中，日本的百萬富翁占總人口比例是最高的，而中國最低，正如我們在第二章看到的：是否能成為百萬富翁，與消費習慣直接相關。

想存錢，就投資不動產

人們在討論「有錢人」的時候，容易將兩個族群混為一談：擁有很多財富的人，以及賺很多錢但身上經常沒錢的人。兩者的差別在於花錢習慣，如果你想變有錢，就必須量入為出。

投資不動產是個讓你更輕鬆存錢的好方法。你可以買房子租給別人，然後將房租全部拿來付房貸，這樣你每個月的存款就會大幅增加。假如有定期還貸款的壓力，你就必須強

66《奢侈品策略：讓你的品牌，成為所有人奢求的夢想》（*The Luxury Strategy: Break the Rules of Marketing to Build Luxury Brands*）第一二四頁。

迫自己每個月撥出一筆錢。而收入越高就越容易貸款買房，因為銀行會考量你的個人信用以及房產的價值。這就是為什麼擁有不動產的人在退休的時候，會比其他收入相同的人獲取更多財富——因為他們**必須付房貸，所以每個月就會乖乖存錢**。關於這個主題，第十三章會談到一些有趣的事實與數字。

許多人覺得存錢很難，是因為存錢必須犧牲當下的滿足，才能在未來獲利。存錢就跟維持健康飲食一樣，會隨著時間累積，只要自律就能獲得長期的回報：現在忍住不買巧克力或新車，以後就能達到想要的結果，無論是大筆財富還是完美的身體。

然而，大多數高收入人士都沒有足夠的存款，因為他們除了沒有持續存錢，還喜歡亂投資。在本書第二部，我將會討論投資人常犯的錯誤，以及如何避免它們。我在這裡先提一個重要的建議：**務必將你的儲蓄策略建立在「雙基礎」上——不動產與股票**。不動產乍看之下的「缺點」（它比股票難出售）其實反而是優點，幫助你在累積財富時實踐所需的自律。而股票乍看之下的「缺點」（價格波動極大），只要你有建立財富的長期策略，也不需要擔心。

但有件最重要的事情請務必牢記在心：**永遠不要去碰你已經投入股市的錢**。尤其不要在股市崩盤後覺得損失慘重，就去改動你的投資組合。如果你只是臨時缺錢想更換新家電之類的東西，請千萬別因此動用投資組合。為了讓你的財富策略開花結果，你必須撥出一筆「緊急基金」放在目前的帳戶，並同時建立你的投資組合。

拜託別再騙自己：「等我收入一變多，就開始存錢。」因為你對生活的期望會隨著收入增加而自動提高。假設你目前月薪是三千美元，你一定覺得月薪一萬兩千美元時怎麼可能會入不敷出？不過到了那個時候，你一定會被期望隨著收入提高的速度嚇到！

我的建議是：接受較高的房貸還款率，就能強迫自己每個月撥出一筆錢。每月付款一次，你要繳的利息就會隨之降低。越快付清房貸，你的財富就增加得越快！我們將會在第十三章細談這件事。

有些理財計算結果會使你相信，只要你將積蓄投資到利率八％的基金裡，就能賺到更多錢——那何必投資收益只有前者一半的房地產？然而這些計算既瑣碎又不切實際，因為它們沒考慮到大多數的儲蓄者都缺乏自律，無法在十年裡的每個月都撥款給投資基金，可是持有不動產的人就沒有選擇，除非他希望自己的房地產被貸方收回。

我的第二個建議：**每當你的薪水（或獲利，如果你是自僱者）增加時，就從增加的金額中拿五〇％做長期投資**。回到我們先前的例子：如果你月薪三千美元，儲蓄率一五％（也就是四百五十美元），那麼當你收入增加至四千美元時，你應該把多出來的一千美元存起來一半，使你的儲蓄率從一五％提高至二四％。等下次你的收入增加至五千美元時，再重複同樣的做法——現在你一個月存一千四百五十美元，也就是你淨收入的二九％。

這樣做的話，當你加薪時就能多花點錢，卻又同時增加儲蓄率。如果你兼差賺外快，多賺的錢或獲利也要比照辦理。

雖然存錢似乎很難起頭，但養成習慣之後就簡單多了。《紐約時報》的查爾斯・杜希格（Charles Duhigg）在《為什麼我們這樣生活，那樣工作？》（*The Power of Habit*）一書中，探討將新行為轉變成習慣的重要。他發現改變行為需要意志力，但假如讓這些行為根植於你的例行公事中，就會變得很省力。「研究指出，強化意志力的最佳方法就是把它變成習慣。」杜希格總結道。

花錢與存錢也是一樣的道理：你會很輕易就習慣把所有收入拿去買東西（搞不好還透支）。同理，你也可以養成習慣，把一部分的收入存起來，然後每次加薪或有額外收入時，就存五〇%起來。

雖然不存錢確實無法致富，但你也不應該省過頭。有些富翁是靠極度節儉（甚至吝嗇）的生活而致富，而且就算他們不再需要錙銖必較，還是改不掉省錢的習慣。我還在念書的時候，有個同學超過六十歲了，是一位百萬富翁，還擁有好幾棟房產。可是他還是騎著生鏽的舊腳踏車，手拿磨損的皮箱。課本對他來說是小錢，但他寧願從圖書館借。透過存錢可以建立財富，但並不代表你賺到人生第一筆一百萬之後，還得過著窮困的生活。

建立財富的最重要因素，就是為自己設立堅定的目標。存錢除了需要自律，還要有極大的動機，而動機則需要特定目標來激發。

死薪水的不投機致富金律

- 高收入不一定有高財富——大多數富翁的致富主因都是節儉。
- 金錢對富翁們來說，是讓他們邁向自由與獨立，以及克服困難的工具。
- 投資不動產是存錢的好方法——必須付房貸，每個月就會乖乖存錢。
- 儲蓄策略務必建立在「雙基礎」上：不動產與股票。
- 每當薪水（獲利）增加時，就從增加的金額中拿五〇％做長期投資。

第七章

十年內你想賺到多少？寫下來

如果有人跟你說，成為百萬富翁是個「不切實際」的妄想，請不要相信他。有一位仁兄不知道中了什麼邪，在自己的著作《賺錢》中給讀者以下建議：「假如你設定的目標，在一千個人當中只有兩人能在有生之年達成，這樣真的務實嗎？簡直是天方夜譚！如果你誤以為自己能實現任何想要的事物，導致你失去現實感，那你幾乎已經失敗了。」

這位作者是財務分析師，自己還開了一家金融市場研究顧問公司。他宣稱自己的公司無論哪個時期（每期十年），平均預測錯誤率皆低於三分之一，所以他的悲觀態度令我感到疑惑。因為假如他的公司如他所說的預測神準，那麼他在同樣的時間範圍內，應該已經在股市輕鬆賺進好幾百萬才對。

想達成「不切實際」的目標，第一步是寫下來

「務實一點」聽起來是滿有道理的建議。畢竟誰想要不切實際？可是多數人都以為「務實」等同於「謙虛、不要好高騖遠」。我的著作《絕不讓對方說「不」》（*Dare to Be Different and Grow Rich*）寫了好幾個富裕人士的故事，他們不僅不聽這種建議，還刻意設立極具野心的目標，藉此大獲成功——特別適用於財務目標。

不管是誰，只要曾澈底調查過獲得成功與財富的必備心理條件，都一定會同意：**邁向**

財務成功的第一步，就是確切知道你想達成什麼事、以及為什麼。而在這個階段，你還不必清楚知道「如何」達成那件事。

我跟你說什麼才叫不切實際：假如你知道邁向百萬（甚至千萬）之路的每一步該怎麼走，那你真的是極少數的例外。雖然大多數財務成功的人，都在很早期就知道自己不甘於平凡，但他們當時並不知道，該怎麼達成自己設下的遠大目標。

寫下目標是許多成功人士的另一個習慣。成功學之父拿破崙・希爾（Napoleon Hill）在經典之作《思考致富》（*Think and Grow Rich*）中，就建議讀者先寫下一些目標，接著訂下達成它們的日期。然後試著想像如果達成目標的話，你的生活會是什麼樣子（越有畫面越好）——正如希爾所言：「如果你想像自己已經獲得想要的東西，你就會引領自己得到那個東西。」

當然，有的人並沒有使用想像畫面致富、或甚至沒預期到自己會成功。確實有些人是「剛好」變有錢的，因為他們發現了利潤豐厚的利基市場，產品賣得超好，財務成功根本是水到渠成。

可是你不能寄望自己成為這種少數幸運兒。如果要確保自己達成目標，比較簡單、保險的方法，顯然就是訂下接下來十年要做到的事情，然後寫下來。十年是一個很合理且「務實」的期間。**許多人高估了自己一年內能達成的事情，卻低估了自己十年內能達成的**

目標。研究已顯示大多數的偉大人類成就（無論財務還是其他領域，例如藝術、音樂或運動），都要費時十年才能開花結果[67]。所以**你應該開始以財務形式、十年期間為基礎，思考自己想達成什麼目標**。

你的目標該訂多高？這沒有適用所有人的正確或錯誤答案，你想訂什麼目標隨你高興。那我幹嘛提這個問題？首先，你的目標必須有挑戰性，足以激勵你、鞭策你。但如果你能夠「計算出」確實達到目標的方法，表示你對目標的企圖心顯然不夠。

另一方面，你設立的目標也不能太有野心，讓你覺得自己根本無法達成。假如你的目標是比華倫・巴菲特、比爾・蓋茲還有錢，然後登上《富比士》富豪榜，你內心的「癡心妄想偵測器」就會啟動，讓你無法全心相信自己的野心。

想成為富翁，你不需要超乎常人的智商或優異的學術能力。憑創業致富的美國富翁中，只有一五％認為高智商是財務成功的先決條件。另一方面，有六一％強調與人相處的重要。「領導技能」與「銷售點子或產品的方法」也都拿下四五％的高分[68]。

我認識幾位賺了幾千萬或幾億的人，他們的錢都是靠誠實賺來的，而且連大學入學考試都沒考上。第四章曾談到銷售技巧的重要，許多非常成功的業務員從來沒念過大學。如果他們都能賺到錢，你為什麼不能？

大多數不敢替自己設立遠大目標的人，都是因為害怕失敗。可是假如你聽了本章開頭那位作者的建議，然後心想：「我永遠賺不到一百萬元。」那你不就已經失敗了嗎？

話雖如此，你應該把自己的遠大目標放在心裡，並只跟其他成功人士分享。這些人已經達到你努力想達成的事情，所以比較能夠理解並鼓勵你。畢竟他們曾做過你正在做的事，所以知道你的企圖心並沒有「不切實際」。但假如你把自己想成為富翁的計畫告訴某個沒成功過的人，他多半會回你「有夢最美」或「除非太陽從西邊出來」之類的風涼話。

當一個人說自己計畫要存個一百萬元、一千萬元時，他遭到嚴重懷疑是很正常的。跟比你自己還懷疑的人談論計畫，只會更滋長你的疑慮。邁向目標的路上有許多必經障礙，別讓疑慮盤據內心，使你遇到其中一個障礙就舉白旗投降。

一旦你寫下接下來十年的總體目標，請將它拆解成每年能夠達成的小目標，可是請別用線性的進度來計算。假設你的目標是在十年內存到一百萬元，那麼你不太可能在第一年就存下十萬元，然後接下來九年中每年也存十萬元。你的財富比較可能會以指數相乘。換言之，第一年以存下五萬元、甚至兩萬五千元為目標會比較實際，這樣十年後還是能存到一百萬元。

---

67 傑歐夫・柯文（Geoff Corvin），《我比別人更認真：刻意練習讓自己發光》（*Talent Is Overrated: What Really Separates World-Class Performers from Everybody Else*）。

68 史丹利，《The Millionaire Mind》第五十頁。

將目標「寫入」你的潛意識，大腦會自動找方法

一旦你已經設定並寫下自己每年要達到的目標後，你就能將目標「寫入」你的潛意識，大幅增加你達成它們的機會。過去三十年來，我持續在進行一種名叫「自律訓練」（Autogenic Training）的心智練習。這種方法源自催眠，能使你達到完全放鬆的狀態，此時你的潛意識就會極度接受暗示，並將你的目標視覺化。

最重要的事情，是要說服自己的潛意識：你的目標既值得嚮往又可行。一旦你成功將目標「寫入」你的潛意識，潛意識就會幫你找到方法達成目標。我之前解釋過，你不必確切知道如何達成目標，只需要知道你想達成什麼目標。如此一來，你的內心就有一個指南針，指引你正確的方向。或許你會突然找到創業機會、不錯的副業或有利可圖的投資。

許多人會將這些練習視為唬人的鬼話或魔法。這種懷疑多半是基於一個假設：「如果真的這麼簡單，應該每個人都在做啊！」但事實是：沒有人做。而且多數人其實沒替自己設立任何目標，更別說寫下來了；就算設立了目標，那個目標也通常太小。大多數人都沒有練習心理技巧使自己有能力達到遠大目標，而且也沒多少人讀過本書這類型的書籍。

附帶一提，有錢人都比窮人更會訂立並寫下目標。美國作家湯瑪斯・柯利（Thomas

Corley）花了五年時間觀察並調查有錢人與窮人。在此研究中，年收入超過十二萬五千美元、資產總值超過兩百五十萬美元的人被歸類為有錢人，年收入低於兩萬七千五百美元、儲蓄低於四千美元的人被歸類為窮人。

研究發現兩者在目標導向方面有顯著的差異：六二%的有錢人說自己每天都專注於目標，而窮人只有六%如此。還有超過六六%的有錢人說自己曾寫下目標[69]。

所以你為什麼不試試看？你覺得這種試圖達成目標的方法很「不切實際」嗎？如果你繼續照現在這樣過活，然後希望自己某天早上醒來突然變成百萬富翁，這才叫不切實際。這是不可能發生的事，因為你目前的財務狀況正好反映你目前的思考方式，如果不改變思考方式，就不可能改變你的財務狀況。

只要你替自己設立有企圖心的財務目標，並開始將這個目標視覺化，你的人生就會開始改變，吸引到可以幫助你達成目標的人、事、物。那些你曾經忽視的人與機會，突然都有了新的意義。

而且目標（你想達成的狀態）與目前狀態之間的差距，將會產生一種不滿足感，驅動你、激勵你往目標前進。

69〈Hörbücher und Zahnseide: Die Marotten der Reichen〉，出自《Finanzen100》，二〇一四年十月二十日。

你的人生走到現在，潛意識已經儲存了許多訊息，只是你無法刻意去存取它們。請持續將正面訊息灌輸到潛意識中：閱讀達成遠大目標者的相關書籍（不分領域），並尋找雄心勃勃、而且已達成你心中目標的成功人士。觀察這些人、並與他們交談，就能灌輸實用且有建設性的資訊到你的潛意識中。

有次我在搭乘長途計程車時，和一位友善的司機聊天。我問他除了開計程車，平常還有別的興趣嗎？結果他說他以前念過大學。起初我以為他的意思是輟學，沒想到他居然有生物學學位。接著我當然問他為什麼要開計程車，一個月只能賺一千歐元。他跟我講了一個又臭又長的故事——我不記得細節，但大概就是在抱怨他有多麼倒楣、委屈、絕望。

聊到一半，他問我有什麼方法可以改善現狀。我回答：「我只認識你二十分鐘，所以不知道怎麼回答你。但我覺得你應該請四個星期的假，這段時間就拿去請教收入比你高十倍的人。」他反駁說自己不認識收入高他十倍的人，只認識其他計程車司機或失業的人。我強烈懷疑，這些人正是讓他更確信自己無法脫離目前困境的原因。

不成功的人只要聚在一起，就會互相潑冷水。他們喜歡談論社會不平等，並將自己的問題怪在別人身上。他們抱怨「體制」或「高高在上的人」，然後把自己當成沒有機會的「小人物」。正因為這樣，他們本來有的機會也被自己毀了。

有錢人的思考方式就不一樣。財富研究人員的研究已顯示，有錢人不會把自己的不如意歸咎於別人。德國有八八％的有錢人都認為「我的人生方向由我自己決定」，還有五九％同意以下說法：「大多數一再陷入嚴重困境的人，都起碼有一部分是自找的[70]。」

根據這份對於「德國富裕人士」的研究，只有二．五％的財務菁英沒有表現出「人定勝天」的信念，而有高達六二％堅信自己的命運由自己掌握。換言之，主宰自己的人生、不抱怨任何負面社會經驗，或其他外部因素的人，比較可能致富。

當然，光是設立遠大的財務目標是不夠的。你也需要扎實的金錢與投資知識，才能避開金融市場的陷阱——否則你賺到的錢就有可能泡湯。本書後半部會教你最佳的投資方式，守住並增加你的財富。但首先最重要的是，你必須為自己的投資負責。

死薪水的不投機致富金律

- 邁向財務成功的第一步，是確切知道自己想達成什麼，以及為什麼。
- 事先寫下目標、訂下達成的日期，是成功人士的習慣。
- 一旦目標進入潛意識後，大腦會自動找方法增加你達成的機會。
- 將目標和其他成功人士分享，因為他們已達成你想達到的事情，更能夠理解且鼓勵你。
- 不成功的人聚在一起，只會互潑冷水。

70 席海堤（Sehity）、紹爾．喬德諾夫斯卡亞（Schor-Tschudonowskaja），〈Vermögende in Deutschland. Die Perspektiven der Vermögensforschung〉。

第 2 部

重點不是你做對了什麼，而是你不做什麼

第八章

別相信財務顧問，你要為自己的投資負責

正如本書一開始舉的那些例子，除非你懂得如何捍衛並增加你的財富，否則你賺再多錢都不夠。那些樂透贏家、運動員、演員與流行歌手，都是因為不懂投資、完全受「顧問」擺布才失去財富的。這說明了他們無法、或根本不想管理自己的財務。

你買了這本書，還一路讀到這裡，已經算是往正確方面邁進，想要親自掌管財務。而你可能會覺得很訝異，有許多人信任各式各樣替銀行或保險公司效命的顧問。

把受僱於銀行的業務主管當成獨立財務顧問（只因為名片上這樣寫），只不過是第一個錯誤觀念。大多數業務員都很單純，他們的工作就是銷售金融商品，替銀行賺取營收。他們的業績目標與銷售的商品種類，都直接聽命於銀行總部。在這種情況下，你還期待他們提供建議，那就太天真了。

唯一值得銀行投資的，只有替它們獲利的產品

有些銀行與資產管理公司提供收費的顧問服務，這表示顧問是直接向客戶收費，而不是跟銀行抽佣金。這種交易對客戶來說透明許多，而且大幅消除佣金制顧問的利益衝突。可是目前利用這種服務的客戶很少。而且雖然利益衝突的風險低很多，但這不必然代表顧問真的能替顧客帶來價值。

有錢的客戶只比一般人「稍微不天真」一點。許多靠工作賺大錢的創業家或專家，都過度高估自己做財務決策的能力。他們的經營手腕、醫學或法律專業、主管頭銜，都無法幫助他們妥善投資；有些人在某個領域成功之後，會認為自己天下無敵，結果做出糟糕的財務決策。

許多高淨值人士將財務決策授權給家族辦公室（譯按：協助富裕家族理財的服務）、信任銀行的私人服務，或者是財富管理團隊。這些服務提供給有錢的客戶，讓他們有尊爵不凡的感覺，並期待能獲得量身打造的高品質諮詢服務。私人服務銀行很喜歡用空話誘惑客戶，像是「量身訂製的財務建議」與「資產管理」等。

我去過好幾間私人銀行，它們的共同點是：很有禮貌的顧問、精明幹練的氣氛、昂貴的家具，以及顯眼的展示資料，介紹其悠久且卓越的歷史。它們透過這些要素，向客戶傳達菁英主義的安穩印象——像是購買少數人才買得起的奢侈名牌、豪華的旅館。可惜的是，有時候它們提供的服務，跟大眾市場的銀行分行相比，並沒有實質上的差別。

我一直很納悶，當我要求私人銀行提供資產管理追蹤紀錄時，為什麼它們都會找藉口推託，而不正面回答我？說到不給我確切數字的理由，這些銀行都非常有創意：「不同客戶有不同需求，沒有必要衡量績效，因為我們追求的是『總報酬率』。」換言之，假如追求「總報酬率」是有用的，它們有什麼理由不揭露、記錄、傳達自己的成果？如果要吸引新客戶，最好的方法就是秀出高績效的追蹤紀錄，不是嗎？

然而，假如銀行真的提供過往績效的資訊，你也只能想成這些數字是負責人還在這家銀行工作時的情況。假如負責挑選基金與股票的人已經跳槽或自立門戶，那麼過往的績效對現在與未來就沒什麼意義了。

在大多數情況下，財務顧問提供的服務都不完整，沒有顧及其他的資產類別。將自己的錢拿出三分之一（甚至一半）投資不動產的高淨值人士並不少見，但專精於這個領域的顧問很少。原因很清楚：房地產市場與顧問偏好的金融商品相比，標準化程度較低，這代表在諮詢流程中會比較耗時費力。

而且你要知道，**不動產投資人傾向在買房之後長期持有，因此對銀行來說並不是很吸引人的生意**——畢竟資金被不動產綁住，就無法投資其他資產了。銀行是靠短期投資獲利，而且每次重新建構資產組合都能增加它們的佣金收益。不動產對銀行的唯一誘因，就是可以推薦客戶貸款買房。否則不動產在銀行眼中，就是被長期投資牽制的「死資金」，只能為客戶獲利。當然，對銀行來說，唯一值得的投資就是替銀行獲利的投資！

說到投資股票，提供私人服務和財富管理的金融機構，會遇到一個真正的考驗：顧問的績效是否能夠在長期勝過大盤？如果他們的策略是將客戶的資金投入個股（而非投資基金），那你就要問自己：憑什麼認為這間銀行的私人服務或財富管理特別厲害，勝過全世界其他基金經理人？如果你不這麼認為，那為什麼不把你的錢投入削價競爭更激烈（因為反映市場）的基金？對投資人而言，指數股票型基金（Exchange Traded Funds，簡稱ETF）是便宜許多的選項，而我在之後的章節會介紹。

想贏過全球的投資菁英，就買ETF吧！

另一方面，假如銀行是透過傘型基金來投資客戶的錢（也就是一次投資特定幾個基金），而非投資個股，我還是希望看到證據，證明他們能夠提供比指數型基金更好的長期獲利機會。

我完全無法理解，銀行客戶居然認真相信他們的財務顧問，可以與全球菁英競爭。這就是癥結所在。你一定要記住，你或者財務顧問的對手，是全世界最厲害的專業投資人。

橋水基金（Bridgewater Associates，全世界最大的避險基金，二〇一四年經手了一千六百億美元）的創辦人雷・達利奧（Ray Dalio）認為，「散戶有一丁點機會贏過專家」的想法太過天真，他解釋道：「我有一千五百名員工與四十年經驗，但我還是覺得生意很難做。這就像全世界賭神齊聚一堂的撲克大賽，牌桌對面的人可是世界級的選手，只有一小撮人可以真正賺到錢，而且賺超多。他們都是從技不如人的對手身上贏錢。」

正如德國投資銀行家格爾德・科莫（Gerd Kommer）所說，即使私人銀行的投資組合經理，能夠賺到比市場報酬高一％的毛利，但淨利還是會比投資沒人管理的ＥＴＦ還低一％。因為持續收取的管理費（二％左右）、購買基金產品的費用，再加上與業績相關的佣金等，將會大幅減少投資人的報酬[71]。

投資人總是低估這些收費的長期後果。我舉個例子：假設你有十萬美元，可以投資主動式基金或交給財務顧問投資，費用保守估計為每年二％。另一方面，假如你拿這筆錢投資ＥＴＦ，那麼每年要支出的費用大概接近〇・五％。

假設這兩種投資在三十年後扣除任何費用前的報酬率都是八％，那麼你的「被動」投資會賺到八十七萬五千美元的淨收益，而「主動」管理的投資卻只賺了五十七萬四千美元，整整少了前者三十萬美元，完全都是因為高額的基金管理費！

換言之，為了找人「主動管理」你的投資，三十年下來會花掉你三十萬美元。你有預料到僅僅多出一・五％的費用會讓你少賺三十萬美元嗎？假如你知道主動投資會花掉你三十萬美元，你會選擇另一個選項嗎？

我不是勸你別相信資產管理公司或私人銀行，可是「信任」與「盲目相信」是不同的。在理想狀況下，你應該把資產管理公司或私人銀行的顧問當成軍師或陪練員，他會拿出必要的專業，與你討論投資構想。

自己賺的錢，不要讓別人幫你賠

不管你是親自掌管投資，還是諮詢銀行、資產經理人或其他財務顧問，最終責任都是由你自己扛。為什麼有許多人不願意扛這個責任？

把責任授權給別人或許會比較省事，因為任何失敗的投資都可以怪銀行或顧問。如果你的投資按照計畫成功了，你可以把成果歸功於自己；就算沒成功，你也可以把責任推給別人。但只要一直抱持這種想法，你就永遠無法成為成功的投資人！

大多數人（無論是否有錢）對自己的財務都沒什麼興趣。不過你要記住，財務就跟健康、工作與家庭一樣，都是人生最重要的組成部分。許多人對於跟錢有關的事情都暗中抱持著負面態度，因此拒絕參與這個主題。如果你選擇當個「財務文盲」，就永遠無法成為成功的投資人。就跟其他生活領域一樣，投資是可以學習的技能——從經驗學習，或是閱讀像本書這類的書籍。

---

71 格爾德・科莫，《Herleitung und Umsetzung eines passiven Investmentansatzes für Privatanleger in Deutschland》第一二二頁至一二三頁。

最後，許多投資人都傾向於高估或低估這一問題的複雜度。許多「結構性」金融商品是真的很複雜，但有很多商品你根本不需要。本書會把投資股票、不動產與基金（投資標的為股票與不動產）所有該知道的事，全部傾囊相授給你。

死薪水的不投機致富金律

- 理財顧問的工作不是幫你賺錢，是幫銀行賺錢。
- 如果你的理財顧問沒辦法勝過全世界的基金經理人，就買ETF吧！
- 為了找人「主動管理」你的投資，長期下來會讓你少賺很多錢。
- 「財務文盲」無法成為成功的投資人，學習為自己的投資負責。

第九章

多角化投資——巴菲特花一輩子告訴你別這麼做

當你請教財務顧問，或閱讀專業刊物上的投資文章時，幾乎一定會看到幾個陳腔濫調的建議。其中最常見的是以下似是而非的常識：

- 不要把所有雞蛋放在同一個籃子！透過多角化減少風險！
- 低波動性等於低風險。

這兩個假設是有關聯的——分散投資幾種不同的股票，或房地產來進行多角化，應該就能降低整個投資組合的波動性。波動性降得越低，風險就越低。你應該聽過很多次了。這些建議乍聽之下很合理，但試想：華倫．巴菲特可是一輩子都透過演講、文章、與自己的投資選擇，來破除這兩個迷思。

在我們開始質疑這兩個假設之前，我先讓你了解它們背後的脈絡與意涵。一九五〇年代，美國經濟學家哈利．馬可維茲（Harry M. Markowitz）發展出一種投資組合理論，基本假設是在一定程度的預期報酬下，只要謹慎選擇各種資產的比例，就能將總體風險降到最低。馬可維茲主張，各資產之間的相關性越低，投資組合的總報酬標準差就越低。根據這個理論，將多角化效果極大化、進而使風險極小化的最佳策略，就是投資一組各資產間，報酬低度相關的組合型投資標的。

多角化投資，就是承認自己的無知

我們來做個思想實驗，來判斷「盡量分散資金到不同投資標的」真的是好主意嗎？想像你有一臺時光機，能讓你回到十年前做投資。那麼你還會選擇多角化嗎？當然不會。因為你已經知道往後十年績效最好的投資是哪些，所以把所有錢都投入單一投資標的，是絕對合理之舉。

假設黃金是十年來績效最好的投資標的，那麼回到過去的你一定會狂買黃金，其他都不買。如果谷歌的股票績效勝過其他資產，而你還去買其他公司，那豈不是笨蛋？更別說去投資那種分散資金到不同股票的基金了。

換言之，多角化就是承認自己無知與不確定。我們不知道未來會發生什麼事，於是把資金分散到不同的投資，才能盡可能避免自己賭錯東西。

無論你是否察覺，投資幾乎就等於預測未來。你投資A股卻避開B股的原因，就是你期望A股的表現勝過B股。至於你的預測是否正確，就只能等未來揭曉了。

十五年前，我投資柏林的住宅市場，因為我堅信它的績效會勝過其他地區的房地產市場。假如我不確定未來哪個房地產市場的表現最好，我可能會投資開放式不動產基金（投資標的為全球數百件房地產的基金）來避險；如此一來，我的報酬率（％）頂多只有個位數。但幸好，我靠柏林的投資獲得了十位數的報酬率。

不把所有雞蛋放同一個籃子，或許能避免自己做出損失慘重的投資，但你也親手葬送了投資大獲成功的機會。

「效率市場假說」（efficient-market hypothesis，簡稱ＥＭＨ）擁護者的主張是，你不可能藉由投資績效良好的個股來獲取額外報酬，因為股價總是已經包含並反映了所有相關資訊。可是這個假設只適用於極度透明且有效率的市場，而九〇年代末期至千禧年初期的柏林住宅市場顯然不是這樣。

再者，任何可得的資訊都是任憑大家解讀的。資訊本身沒什麼價值，重點在於你得知它之後會做什麼事：你該如何將它與其他資訊的脈絡拼湊在一起，以及你從所有資訊得到什麼結論。比其他競爭者得知更多資訊，不代表你必定能成為更厲害的投資人——**真正厲害的投資人是從資訊中得到正確的結論**。

德國經濟學家伯恩德・尼奎特（Bernd Niquet）對於股市運作的想法很值得一讀，他有句話說到了重點：「對於股市的全面分析顯示出一件事：任何時間都同時存在大量的正、負面訊息，既能令人大膽斷言必定會大漲，卻也能令人大膽斷言必定會大跌。換句話說，同樣的數據既能預測明天會放晴，也能預測明天會下豪雨。所以結論就是任何股市投資的

『智慧』，都需要極度謹慎的檢驗[72]。」

舉個例子：政府新公布的數據顯示失業率上升的幅度超出預期。有些投資人會認為這是壞消息，因為他們預期經濟衰退會導致企業利潤下滑。但其他人會認為這是好消息，因為他們預期中央銀行會調降利率，導致股價上漲。

如果所有資訊只能導出一種可能結果，那麼任何獲得該資訊的理性人士都必定會導出同樣的結論。但事實顯然不是這樣：大多數的市場交易之所以會發生，是因為買賣雙方握有同樣的資訊，卻導出不同的結論。買股票或房地產的人預期它們未來會漲價，但賣方剛好相反。最後只有其中一方的解讀是對的。

這對你來說有什麼意義？只要你挑選自己熟悉到足以預測未來趨勢的無效率市場，就不需要、或沒那麼需要多角化了。

華倫・巴菲特再三強調：「**多角化是為了保護自己的無知**。如果一個人很清楚自己在做什麼，多角化對他就沒什麼意義了。」

換個比較好聽的說法：如果你對自己挑選股票或房地產的能力沒信心，那麼投資多角化股市或房地產基金就很合理。再怎麼說，意識到自己的無知並不代表愚蠢，而是有智

72 尼奎特，《Keine Angst》第一二四頁。

慧。知道自己一無所知的人，比不懂卻裝懂的人好太多了。

第十二章會介紹「不可知」股票投資法。既然知道大多數的散戶都沒機會持續勝過大盤，我的建議是投資一個全球性的股票指數，以持有多角化的國際投資組合。當然，照這個建議去投資所獲得的報酬，跟華倫．巴菲特沒得比。但你應該沒有自大到自認投資眼光不輸巴菲特吧？

在進行任何類型的投資之前，你應該誠實並帶著自我批評的回答以下問題：

- 市場有多透明？例如藍籌股（Blue chip，又稱績優股、權值股）的股市，就比多數房地產市場透明。而平均來說，只要第二個問題的答案為「是」，你就比較有機會在透明度較低的市場獲取高報酬。
- 我對相關市場了解得深入嗎？就算市場是透明的，只要你比別人更擅長分析資訊，並且放眼未來以預測某檔股票的績效，那你還是能夠賺得比其他投資人多。

我舉個例子來說明第二點：我認識克里斯多福．卡爾（Christoph Kahl）二十年了，他是德裔美國人，也是房地產投資和管理公司「詹姆斯敦」（Jamestown）公司的創辦人與老闆。他整個職業生涯從頭到尾，都只專注於美國房地產市場。

詹姆斯敦總共發行了二十六支封閉式基金，在一九八四年至二〇〇五年之間，投資標的包括洛克斐勒中心（Rockefeller Center）、通用汽車大廈（General Motors Building）與紐約時報大廈（New York Times Building）。

這二十六支基金在二〇一一年前幾年就把所有房地產賣掉，使投資人獲得平均一九%的年報酬率。二〇一一年詹姆斯敦發行以機構投資人為主的基金，此後每年都維持一〇．八%的報酬率。根據效率市場假說，除非奇蹟發生才可能有這種報酬率，因為美國房市是極度透明的。

所以卡爾的大成功要歸功於什麼？他只是運氣好投資到正確的房地產嗎？可能性很低，因為他幾年下來已經買了好幾百件房地產——沒有人每次都這麼好運。那麼他是運氣好遇到對的市場週期嗎？也不太可能，因為美國的市場過去三十年來，經歷了各種差異極大的週期。

卡爾真正的成功原因，首先是他很擅長找到「沒被前屋主發掘未來潛力的房地產」。他會收購「未完工」、不夠完善的房地產，然後主動為其增值再售出。

此外，卡爾還有一個成功投資人的共同特質：他從來沒被潮流或情緒影響，反而總是逆著週期操作（第十一章會更詳細介紹這個主題）。在景氣最好的時候（也就是金融危機衝擊美國市場的前夕），他以高價售出了幾乎所有房地產投資組合。

衡量風險不能只看波動性

還記得我在本章開頭提到的兩個陳腔濫調嗎？第二個的問題比第一個還大，我甚至覺得它造成的損失遠比好處還多。

經濟學家哈利・馬可維茲與其學生威廉・夏普（William Sharpe）發展出的投資組合理論，將風險定義為波動性，可透過報酬的變動來衡量。變動越多（以數學上來說就是標準差越大），風險就越高。

在仔細審視這個風險評估理論之前，容我先談另一個常見錯誤：許多投資人認為投資特定資產類別時波動性會較低，因為沒有定期評價。你可能覺得不動產投資很「安全」，因為房價不會每天印在報紙上。

如果你在十年前買房，你不會知道它今天價值多少錢——除非你要賣掉它。在你買進到賣出這段時間，你會因為虛假的安全感而鬆懈，相信你的房價正在上漲——即使它已經下跌。

房價當然會波動，而且屋主通常不會察覺。二〇〇四年我在柏林買了一棟別墅，價格只有屋主十年前購入價格的一半。當然，他很難相信自己的房地產跌得這麼兇。幾年來他試著以自認合理的價格賣出房子，但這顯然很不切實際，所以沒有人願意買。最後他必須承認自己的期望太高，用當初價格的一半把房子賣給我。

最近我考慮賣掉這棟別墅，於是請房仲替我估價，現在它的價格是我購入價的兩倍。到頭來我還是決定持有這棟別墅，所以我永遠不知道房仲的估價是否實際，或者可以賣更貴或更便宜？這個例子顯示出房價是會大幅波動的——可是你通常看不見這些波動。

關於個人與機構投資不動產的動機，研究已顯示大多數人認為不動產非常「穩定」。可是這種穩定的印象，多半是因為缺乏當前價格的資訊所產生的。不動產市場波動的能見度比其他市場（例如債券、股票或商品）還低，因為房地產的價值不會被頻繁的重新評估，所以加深了它們極少波動的印象。

經濟學家麥可・凱普勒（Michael Keppler）利用以下例子，說明把波動性當成風險衡量指標的概念是錯誤的：假設股價第一個月漲一〇%，第二個月漲五%，第三個月漲一五%。根據每月報酬的標準差，投資這檔股票的風險，會比連續三個月跌一五%的股票還高。但事實上，這檔「高風險」股票會讓投資人賺到三二・八%的報酬，假如他買了風險較低的另一檔股票，就會賠掉三八・六%。

凱普勒直言，大家普遍將風險定義為波動性，根本就違反常識。無論標準差還是β係數，都跟投資人真正面臨的風險（蒙受損失的機率）無關。以波動性來衡量風險的唯一好處，就是波動性很容易衡量。所以巴菲特與他的夥伴查理・蒙格（Charlie Munger）才認為，許多投資人持續使用的風險定義是很荒謬的。

巴菲特與蒙格是以「投資人是否會賠錢」來衡量風險，他們也提醒投資人：「在持有資產的時間範圍內，必定會包含風險。」因此放眼長期並持有資產的投資人，不必過度擔心波動性。

資產波動性完全不是缺點，甚至還可將其視為極大的優點：如果股價波動不大，投資人就不能低價買進、高價賣出了。而且只要你持有資產的時間範圍越長，就越不必擔心波動性。

「將波動性視為風險」、「假設投資標的之市價不會被定期評估（例如不動產投資）」，這兩個想法產生了許多荒謬的投資策略，不但沒有降低投資人的風險，反而還提高了損失的機率。

例如，某些投資人偏好將錢投入儲蓄帳戶或儲蓄計畫，而不是投資股票，因為股價會波動。這種行為在不久的將來會造成很嚴重的問題：法定的退休金制度（隨收隨付制）將無法承受人口減少與高齡化社會帶來的壓力，所以大家急需尋找其他方法來支撐未來的財務。由於系統性的避免投資股票，並偏好低利率、無法反映通膨的投資標的，使得投資人嚴重惡化了國家老年貧困的發生率。

如果你想守住且增加你的財富，千萬別把財務顧問的建議照單全收。顧問很喜歡拿給客戶看的「科學」圖表，多半是基於「風險等於波動性，所以多角化永遠是最佳方案」這個假設。不過對於**深知自己無法打敗大盤的投資人而言，多角化有時是一種必要之惡**。

讀完本章後，你現在已經知道波動性既非可靠的風險指標，也不是選股時的不利條件。你也知道怎麼區分哪些情況適用多角化、哪些又不適用。我們現在來看另一個常見的陷阱，許多不謹慎的投資人都深受其害：「本土偏好。」

死薪水的不投機致富金律

- 多角化投資能保護你損失慘重，也能讓你失去大獲成功的機會。
- 資訊本身沒有價值，重點在於你得知它後會做什麼事，以及如何將其他資訊的脈絡拼湊在一起。
- 只要挑選自己熟悉到足以預測未來趨勢的市場，你就不需要多角化了。
- 在做任何投資前，都要先問自己兩個問題：市場透明嗎？我對相關市場了解深入嗎？
- 只要持有資產的時間範圍越長，就越不必擔心波動性。
- 深知自己無法打敗大盤的投資人，多角化有時是一種必要之惡。

第十章

別掉進「愛國主義」的投資陷阱

全球化與網際網路的崛起，已經為投資人創造了前所未有的機會。假設一個中國人在考慮是否要投資「買來租人」的公寓，他的搜尋範圍不再僅限於中國，而是可以透過網路研究柏林或紐約的住宅市場。他可能會發現海外有更多前景看好的投資機會，所以把錢拿去投資外國市場，是再自然不過的事情。

我曾經跟一家公司合作，它的業務是銷售柏林的公寓給投資人。每年約一千個買家當中，有三〇％是跨國投資人，來自四十個國家，包括義大利、俄羅斯、法國、西班牙，以及人數越來越多的中國。如果沒有網路，根本不可能發生這種事情。

不過，大多數散戶或機構投資人，都沒有善用這些空前的機會。就算在全球化時代，他們還是偏好投資自己的國家。這種偏好被稱為「本土偏好」現象，它在股市尤其受到廣泛的研究。

一九九〇年代早期的研究顯示，美國、日本與英國投資人持有的股票，大部分都是國內公司的股份，比例分別為美國九三・八％、日本九八・一％、英國八二％[73]。雖然最近比例降低了，但投資人還是較偏好自己國家發行的股票，這很難用理性面去解釋。二〇〇一年有份研究發現，澳洲、加拿大、法國、德國、義大利、日本、荷蘭、西班牙、瑞典、英國與美國對於國內市場的投資比例，都介於七五％至九〇％之間[74]。

二〇〇五年還有一份研究，研究人員觀察了美國、日本與歐洲銀行提出的股市投資建議。他們發現不管哪個國家的銀行，都過度推薦在本國市場發行的股票[75]。

說到機構投資人的不動產投資，本土偏好也扮演了極度重要的角色。比方說二〇〇四年，資產管理公司「Feri」發表的研究顯示，德國機構投資人持有的房地產有六三・三%位於德國，卻只有一・四%位於亞太地區的成長市場，而後者無論在人口趨勢、經濟成長方面，都具有更好的前景。由於房地產基金與不動產投資信託（Real Estate Investment Trust，簡稱ＲＥＩＴ）問世，投資亞太市場比以前簡單許多。但其他國家的機構投資人也跟德國一樣，只偏好投資國內的不動產市場——無論市場大小或吸引人與否。

「本土偏好」可能會讓你損失潛在報酬

大型國際運動賽事，像是奧運或世界盃足球賽，會將不同國家的人民聚在一起，他們都相信自己的國家隊是全世界最強的，而投資也有類似的現象。研究人員甚至發現，在美

73 丹尼斯・赫澤邁爾（Dennis Huchzermeier），《Home Bias bei privaten und institutionellen Investoren》第五頁。

74 史蒂芬・杜爾（Stephan Dürr），《Ursachen und Auswirkungen des Home Bias bei der Portfolioentscheidung》第十二頁。

75 赫澤邁爾，《Home Bias bei privaten und institutionellen Investoren》第八頁。

國基金經理人購入的證券中，有一〇％僅僅是因為那家公司剛好位於他們居住的城市[76]。

這些研究表明，投資人偏好本地市場發行的股票，不僅是為了避免語言障礙、或害怕外國市場相關的貨幣風險與政治風險——因為在挑選美國國內市場發行的股票時，全都不需要考慮這些因素——但他們還是偏好自己所在城市的公司。

我將投資比喻成運動賽事，並沒有聽起來這麼牽強。在這兩種情境中，愛國心都會使你深信自己的隊伍會勝過別人。研究已經顯示愛國主義高漲之際，海外投資就會減少。只要美國的愛國程度跌個一〇％，海外投資就會增加兩千六百億至四千四百億美元。九一一事件後，美國政府將某些儲蓄債券重新塑造成「愛國債券」，結果這些債券的銷量比去年增加了四三％[77]。

各種對於散戶與機構投資人的調查，都顯示他們對於國內市場的未來發展都比較樂觀。英國、日本、美國與歐洲投資人，全都預期自家股市的表現會比其他國家好。

在另一份研究中，研究人員調查了德國與美國大學某投資課程的畢業生。德國受訪者對於德國股票的評價比美國受訪者樂觀，而美國受訪者則剛好相反[78]。

這種行為稱為「本土偏好」，會導致投資人損失潛在報酬，並增加其風險。根據一份研究指出，這些損失可能高達一．四八％至九．七九％（因市場而異）。

研究人員完全無法合理解釋這種現象。是什麼原因造成投資人出現這種行為？其中一種解釋是有些國家會限制海外投資。舉個極端的例子，美國保險公司的基金禁止持有超過三％的外國證券。而在德國，開放式不動產基金持有的外國資產也受到限制，除非他們會針對外國貨幣風險進行避險。

然而，這些限制不能完全解釋本土偏好影響投資選擇的程度。第一，很少國家限制得如此嚴格；第二，就算有限制，也很少人達到上限。這些限制雖然是設計來保護投資人的（例如美國保險公司保單的買家），但它們只是反映了一個錯誤觀念：海外投資的風險絕對比國內市場投資還高。

本土偏好現象的另一個解釋，就是相較於其他市場，投資人更能夠評價自己國家的投資機會。但這種解釋其實也沒有說服力，假設投資人是投資個股的話，這個解釋或許說得通，但如果投資人是透過投資特定股市來實踐多角化策略、而非投資個股，他們怎麼還是會被本土偏好動搖？況且你要知道，現在你只要點一下滑鼠，就能得到大量公司與股票的資訊——無論你身在世界何處。

76 赫澤邁爾，《Home Bias bei privaten und institutionellen Investoren》第九頁。
77 赫澤邁爾，《Home Bias bei privaten und institutionellen Investoren》第十三頁。
78 斯蒂芬妮・格里姆尼茲（Stefanie Grimmitz），《Der?Home Bias? internationaler Investoren》。

如果投資人真的具備專業知識，能夠識別最有前景的個股，那麼**專注於國內市場就是個好主意——前提是那個市場要夠大**。西班牙投資人的持股有九五%以上都是國內的股票，墨西哥投資人更誇張，持股一〇〇%都是國內股票。前述兩者確實荒謬，但美國股市又是另一回事。

華倫・巴菲特數十年來都是最成功的股市投資人，他長期以來都只投資美國股市，並主張自己國家有這麼多有利可圖的投資機會，就不需要去別的地方找了。不過，巴菲特是極少數能持續打敗大盤、透過聰明投資達到豐厚報酬的投資人。大多數投資人，無論散戶還是機構，都沒有巴菲特如此出色的技巧，因此最好還是投資能夠反映大盤的基金，而非個股（詳見第十二章）。

話雖如此，在某些情境下，投資人確實會因為專注於國內市場而受益，比方說市場相對較不透明、投資人對國內市場的眼光勝過別人，或是有充分理由相信國內市場的表現會勝過其他市場。

如果你對自己理解特定市場的能力感到有信心，你可以抓準特定投資機會直接投資那個市場（無論房地產或股票）。在這種情況下，你就可以利用不透明市場的地緣優勢；否則你就必須採取間接投資——通常是買基金。股票與股權基金請參見第十二章；不動產投資請參見第十三章。

如果你認為間接的投資基金比較有勝算，那就要有全球化思維。愛國主義是很高尚的情操，但對投資策略沒幫助。義大利、加拿大、澳洲、德國與墨西哥的投資人，都相信他們國內市場的股票或房地產會表現得比其他國家好，但他們不可能同時都是對的。他們受到直覺誤導，以為外國市場的風險一定比自家還高、越熟悉就越安全。

「本土偏好」現象顯示出我們的情緒與偏見，經常會阻礙我們做出穩健且聰明的投資策略。世界各地都有許多菜鳥投資人，都會自動投資國內市場的股票，或買進國內市場基金，完全沒考慮在其他地方尋找機會。

直覺在許多生活領域都是既可靠又實用的指引，但不包括投資。我對於本土偏好的討論已經講過了，**聰明的投資人必須能夠抗拒、質疑自己的反射動作**。與其盲目順從你的直覺，你該問自己：有什麼好理由可以說服你，跟大多數散戶與機構投資人一樣投資國內市場？別信任自己，因為我們多數人都可以找到老套的藉口，合理化自己的非理性決策。聰明的投資人必須能夠客觀審視自己的決策流程，並避免被偏見與情緒誤導。

為了在長期獲得成功，聰明投資人的首要之務，就是讓自己能「免疫」同儕壓力，並抗拒投資趨勢。

死薪水的不投機致富金律

- 「本土偏好」可能會讓你損失近一〇%的潛在報酬。
- 善用全球化與網路的機會，投資海外正在成長的股票、房地產市場。
- 如果市場夠大、有前景、相對不透明，那麼只專注於國內市場就是個好主意。
- 聰明的投資人必須客觀審視自己的決策流程，避免被偏見與情緒誤導。

第十一章

股票投資的後照鏡陷阱

為了你著想，我希望你是在股市或房市大跌後才讀到這本書。對於放眼長期的投資人來說，這是最理想的投資起點，只不過很少人有膽子這麼做。另一方面，如果你是在股市與房價大漲時讀到這本書，本章也會警告你在景氣高峰時投資的風險。

在我寫這本書的期間，各種資產包括股票、債券與不動產，都幾乎在持續上漲。在這種時局中，投資人很容易過度自信與樂觀，相信投資標的會繼續漲下去。其實只要觀察近期歷史的趨勢發展，我們就能夠充分了解股價與房價上漲時潛伏的危險。

容我舉以下兩個例子來闡述金融市場的幾個規律：一九九〇年代末期的股市趨勢（尤其是德國與美國），以及二〇〇〇年代初期的美國房市。這兩個例子等於是對投資人的嚴重警告。

投資不能只看後照鏡，對向可能有車衝過來

一九九六年對德國股票來說是很重要的一年。德國股票指數DAX（按：德國重要的股票指數。由德意志交易所集團〔Deutsche Börse Group〕推出的一個藍籌股指數，該指數中包含三十家德國最主要的企業）漲了二七%，達到兩千八百八十九點。媒體爭相刊出對於德國證券的激情報導。德國消費者對股票基金越來越有興趣，導致德國的股票基金投資

總額從一九九六年的十三億歐元，在一九九七年漲到了一百五十億歐元[79]。

股市的上漲趨勢似乎會在可見的未來持續下去。一九九八年，DAX又漲了一八・五%，超過五千點，看來又是繁榮的一年。媒體吹捧這個榮景「對於心理層面的重要」——每次在股市漲到幾千點時他們都這麼報導。

德國人以前對股票敬謝不敏，現在卻瘋狂買股，像沒有明天一樣。德國市場觀察家約爾格・史塔圖爾（*Jörg Staute*）在其著作《股市狂潮》（*Börsenfieber*）中評論道：「投資股市被吹捧成最重要的生財之道，買股已被宣傳為國民應盡的義務。」

雖然作者宣稱「人們只要看到叫做『股票』的東西就一定買」是有點言過其實，但也確實反映了當時的氛圍。最近中國也有類似的趨勢。德國與中國投資人隨後發生的事情，可以讓我們從中學到一些教訓，所以其他國家最好還是謹慎研究這些事件。

德國人對股票食髓知味之後，在一九九九年對股權基金投入了三百五十三億歐元。其短期報酬非常豐碩——到了一九九九年末，股價已經漲了三九%。這算是全球趨勢的一部分，因為當時全世界的金融市場都處於繁榮期。

無論處於什麼時期，媒體都容易使人產生不切實際的期望。一九九九年九月，美國

79 以上數字，以及以下股權基金之資本流入資料，皆由德國投資基金協會（BVI）提供。

前副國務卿詹姆斯・葛拉斯曼（James K. Glassman）與經濟學家凱文・哈賽特（Kevin A. Hassett）出版了《道瓊三萬六千點：透過股市未來漲勢獲利的新策略》（*Dow 36,000: The New Strategy for Profiting from the Coming Rise in the Stock Market*）。兩位作者預測接下來五年內，道瓊指數（按：道瓊指數包含了三十家美國最大、最知名的三十家上市公司股票，通常是各個行業的代表或是領先者，在一定程度上能代表美國產業的走勢）會漲到三萬六千點。這本書在美國大賣，並於幾個月後在德國出版。當時道瓊指數為一萬一千點左右，可是它並沒有如作者預期上漲到三萬六千點，反而在二〇〇三年大跌至七千五百二十四點。

二〇〇〇年代初期，德國市場氛圍正值最亢奮之際。DAX越漲越快，一九九九年為六千八百五十八點，到了二〇〇〇年三月已經漲到八千零七十點。德國媒體沒有提出任何警告，所有人都跟上這股浪潮，將股市投資推崇為有史以來最佳的快速致富機會。

二〇〇〇年二月二十二日，泡沫即將破裂之際，德國最大的全國性報紙《圖片報》（*Bild-Zeitung*）的頭條寫道：「全民瘋搶錢！老師心想：我為什麼還要繼續工作？每個人都在討論哪支股票最熱門，家庭主婦把零用錢賭在股市，感謝網路讓利潤高達三〇〇%。我也能變有錢嗎[80]？」

那時連我的理髮師都在跟我分享投資訣竅，而我女友的父母本來對股票完全沒興趣，現在居然直挺挺的坐在電視前，收看最熱門的「專家」建議，然後隔天就衝出門去買被推薦的股票。這些無疑都是泡沫即將破裂的徵兆。

後來泡沫真的破了。二〇〇〇年，在經歷好幾年的「牛市」之後，ＤＡＸ跌了七．五％，剩下六千三百七十六點。雖然初期的跌幅不算太大，但在三月股市八千點時進場的投資人，都蒙受了巨大的損失。

就跟其他狂潮一樣，將錢揮霍於股市所產生的效應，需要過一段時間才會消失。由於許多投資人幾年下來，都讀到或聽到媒體盛讚股票是最安全的投資，因而陷入虛假的安全感之中。再加上聽信專家們保證，目前的跌勢只是暫時性小跌，所以他們趁股價下跌時，反而買進更多股票。

銀行已經發展出將股票型基金售出的高獲利機制，所以沒有人想收手。光是二〇〇〇年這一年，德國人就對股權基金投資了將近七百四十億歐元。雖然ＤＡＸ在二〇〇一年經歷了一次更大的跌幅，跌了將近二〇％，但銀行還是繼續銷售股權基金，德國消費者們也繼續買，一共又投入了一百三十億歐元。

二〇〇二年，事態逐漸惡化，德國股市下跌四四％，跌到了兩千五百九十三點的低

80 〈Geld-Rausch! Ein Lehrer fragt: Warum soll ich noch arbeiten?〉，《圖片報》，二〇〇〇年二月二十二日。

點。從二〇〇〇年三月就進入股市的投資人，現已損失了近六七％的資本。而決定停損的人，最後以每投資一萬歐元只收回三千兩百歐元作收。

此時德國人對股權基金失去了興趣。許多投資人認賠殺出，也幾乎沒有人想要買進。德國股權基金的淨投資額在二〇〇二年跌到二十九億歐元，只剩兩年前的四％。可是在二〇〇二年買進股權基金的少數投資人，卻因為其勇氣而獲得報酬。僅僅一年後，也就是二〇〇三年，DAX漲幅超過二七％，而且繼續從二〇〇四年一路漲到二〇〇七年。

二〇〇二年逢低進場的投資人，到了二〇〇八年，也就是DAX漲到八千零四十六點的時候，資本已經翻成三倍。那些決定逢高賣出的人，最後以每投資一萬歐元收回三萬一千歐元作收。

就連那些太慢進場（在二〇〇〇年二月或三月才開始投資，當時正值股市最繁榮之際）、且在股價下跌那幾年都沒賣掉的人，到了二〇〇八年時至少都能夠拿回初期投入的資金。

接著全球金融危機襲來。二〇〇八年DAX又跌了四〇％，這時投資人早已對股權基金失去信心，在二〇〇六年資本流出了七十八億歐元，二〇〇七年翻倍成一百四十二億歐元，二〇〇八年又比前一年多流出十億歐元。

透過股權基金持有股票的德國人，人數最多曾經有約一千萬人（超過總人口的一五％），此後穩定減少，到二〇一〇年只剩下六百萬人。

這個趨勢到了二〇一二年與二〇一三年依舊持續著——雖然這兩年DAX分別漲了二九％與二五．五％，但德國投資人還是從股權基金中，撤資了一百一十二億歐元。

我們可以從前述股市的漲跌，與股權基金的資金流學到什麼教訓？那就是大多數投資人都會跟隨趨勢。

我前面提到，德國投資人在一九九九年、二〇〇〇年對股權基金投入了一千一百億歐元，當時正值股市最狂熱之際，卻也是最糟糕的進場時機。最佳時機應該是二〇〇二年晚期，因為DAX才剛跌了四四％——但是當時的資本流入反而只剩下二十九億歐元。

為什麼大多數投資人的行為都這麼不理性？我認為這是一種叫做「看後照鏡投資」的心態。大多數人評估一檔股票的未來潛力，都是看它過去幾個月或幾年的績效。其他投資人賺越多錢，自己對這檔股票就越有信心。新聞每天報導股市帶來的大好機會，炒起了興奮的氣氛，連原本不感興趣的投資人也受其感染。

媒體可說是創造與持續這些趨勢的一大推手。在股市最繁榮的時候，眾多專家都預測股價會一直漲下去，而新聞不時也會出現，某人因為投資股權基金而致富的消息。本來對這股狂潮避之唯恐不及的妻子，現在卻告訴丈夫有個鄰居靠股市發大財。財務顧問催促客戶不要錯過投資良機，因為這個機會已經延續了三年、五年、十年甚至二十年，保證能賺最多錢。

在景氣正好的時候，有許多證據都可以證實前述這些主張。見此良機，就連最保守的人，也可能無法抗拒這最佳的投資機會。

同儕壓力非常有助於解釋這種心理作用。心理學家曾進行過「從眾實驗」，實驗人員給受試者看一張上面畫了一條線的卡片，接著再看另一張畫了三條線的卡片，其中一條線跟上一張卡片那條線一樣長，而另外兩條明顯較長或較短。接著實驗人員請受試者大聲說出，哪一條與第一張卡片上的線一樣長。如果大多數人（其實是「暗樁」，也就是扮成受試者的演員）都答錯，那麼真正的受試人也會跟著答錯。

由心理學家發展出的學習理論，也有助於解釋前面提過的行為，這個行為客觀來說是非理性的：投資人偏好在股價最高時買進，和平常買東西時的邏輯完全不一樣。

假設某一檔股票從二美元漲到十美元，接著跌到三美元，最後又漲到十五美元。鮮少投資人會在二美元的時候就買進，可是當股價漲到四美元（漲了一〇〇%！）的時候，投資人就會開始買了，因為他們發現這支股票獲利頗豐，於是想要分一杯羹。

正面的媒體報導與分析師的專業意見，等於催促投資人去買這支股票，而誘人的預期價格，更是助長了這種購買行為。投資人看著自己的股票漲到五美元，然後六美元、七美元……每次上漲他們都更覺得自己買對了。老婆恭喜老公的聰明投資策略奏效，而財務顧問知道客戶很開心後，自己也覺得很安心。

突然有一天，股價開始下跌，從十美元跌到九美元。大多數投資人安慰自己（帳面上）還是賺了不少錢，並希望跌勢只是暫時的。許多人甚至把握這個機會買進更多股票。當股票持續跌至八美元、七美元……的時候，多數投資人還是緊抱自己的股票，沒有賣股停損，這種心理作用叫做「希望原則」。

當股票一路跌到五美元、四美元時，多數投資人都會失去希望。任何媒體對這支股票的報導也都轉為負面，就連平常很樂觀的分析師也建議投資人賣掉。此時許多投資人就會聽從他們的建議。短期內他們會很慶幸自己解套了，因為股價已經跌到三美元。

反抗潮流並採取逆向策略的投資人，會趁股價從五美元跌至四美元時再買進，雖然這種作法在短期內會賠錢，但只有如此，才能在長期獲得回報。此時若想忍住不賣，還真需要極大的信心，因為對於這支股票的所有新聞報導都是負面的。你會不時懷疑到底是「眾人皆醉我獨醒」，還是自己其實是在高速公路上逆向行駛，卻不知道為什麼大家都跟你反方向。

在此情境中，等到股價從谷底反彈、最後漲到十五美元時，逆週期的行為反而會獲利。就算你在八美元時就賣掉，也還是賺了一倍回來，只可惜你錯過了賺更多的機會。

大多數人都不會像前述情境一樣放眼長期，如果他們肯思考未來，這世界就不會有這麼多老菸槍跟肥胖的人。對短期報酬的渴望，總是大於對長期會造成損失的擔心，這個道理適用於大部分投資，尤其是股市投資。我們渴望立即的滿足感，而股價上漲會滿足這種渴望，但我們也傾向逃避跌價造成的損失。這就是為什麼多數投資人都無法反抗潮流並採取逆週期的操作，也是在股市賺大錢的投資人這麼少的原因。

千萬別聽信「潮流是你的好朋友」、「水漲眾船高」這種琅琅上口的格言。對於只看短期的投資人來說，這些俗話或許還有些道理，但如果你放眼長期，最好還是無視它們。

當然，股市投資的成功祕訣，絕對不是簡單的為反而反。如果趁股價暴跌時買進就一定能賺錢，那麼早就有更多人這樣做了。有些股票只會一直跌、完全不反彈，因此「跌價就買」並沒有比「漲價就買」聰明多少。一檔已經跌五〇％的股票，再往下跌九〇％也是很有可能的。

「歷史上，股票有時是人見人愛的投資，有時卻是受人鄙視的賭博；這兩種風潮是會定期輪替的，而且通常都在錯誤的時機輪替。股票多半都是在最不審慎的時候，被大家認為是審慎的投資。」這句話出自二十世紀最成功的股權基金經理人之一——彼得・林區（Peter Lynch）[81]。

美國經濟學家羅伯・席勒（Robert J. Shiller）曾經做過一個有趣的實驗，顯現出「後照鏡投資」有多荒謬。他研究了一年期間、與五年期間內，世界各地最大的股市指數波動，並於其著作《非理性繁榮》（*Irrational Exuberance*）中概述自己的發現。

經歷過連續大漲五年的國家之中，有超過六六%在接下來連跌了五年；而連續大跌五年的國家之中，有九四%在接下來因為通膨調整，而獲得一二二%的報酬率。「因此我們發現了一個強烈但非絕對的趨勢：股價整體走勢每隔五年會反轉一次，而且無論漲跌都是如此。」席勒評論道。換言之，如果買一支股票沒有其他理由，只因為它過去幾年來的表現都很好，那反而會很危險。

而且其他所有資產也一樣。**就算連續數十年績效都很好，也不保證該投資標的會持續增值。事實上，假如價格漲太快卻沒有任何明顯理由（例如大跌後從谷底反彈），可能就是快出事了。**

美國的不動產轉售熱潮

以美國房市崩盤為例，「標準普爾／Case-Shiller房價指數」（S&P/Case-Shiller U.S.

81《彼得林區選股戰略》（One Up On Wall Street: How To Use What You Already Know To Make Money In The Market），第七十三頁。

National Home Price Index）最早發布於一九八七年，其中的數據最早可追溯至一八九〇年，是每月產生的獨立住房價格綜合指數（按：公寓及合租房均不被列入統計範圍）。一九四一年為五點，此後持續上漲至二〇〇六年，達到一百八十九點。而在一九九九年至二〇〇六年更是翻了兩倍，從九十二點漲到一百八十九點——根據前一小節所發現的趨勢，我們已經知道，這代表金融市場史上最糟糕的泡沫就快出現了。

為什麼短短七年間會漲這麼多？為了因應二〇〇〇年至二〇〇二年間破掉的股市泡沫，時任美國聯邦準備理事會（Federal Reserve System）主席艾倫・葛林斯潘（Alan Greenspan）一再調降利率，直到只剩一%。那斯達克指數（按：為美國那斯達克股票交易所〔世界上第二大的證券交易所〕股市價格的重要指標）從二〇〇〇年的歷史新高暴跌了七四%，同一時期標準普爾五百指數（按：由美國五百支大型股票組成，被認為是衡量美國大型股表現的最佳指標）也慘跌了四三%[82]。

與此同時，小布希（George Walker Bush）政府放寬管制，讓信用紀錄較差的人也可以貸款買房。政府打的如意算盤，是藉此配合利率下跌，提升「弱勢族群」的住宅自有率，結果卻釀成大災難。

葛林斯潘在他的回憶錄《我們的新世界》（*The Age of Turbulence*）中，為自己採取的措施辯護：「我當然明白放寬房貸信用條款會增加金融風險，而且新的購屋補助措施也會扭曲市場結果。但我現在仍然相信，讓更多人擁有房子是有益的，值得我冒這個險。」

所有人都開始買房子，其中包括立刻轉賣房子套利的投資人。這個狀況堪比牛市——股價持續飆漲，大家都希望能在更高價售出股票。一九九七年至二〇〇二年間，美國房價漲了四二％，其中某些城市更是漲翻了：紐約漲了六七％、澤西市漲了七五％、波士頓漲了六九％、舊金山漲了八八％[83]。

房貸的借貸雙方都沉醉於這看似無限的獲利機會，重力法則與常識彷彿都不管用了。研究顯示[84]，所有「自述收入貸款」（借款人自己報收入，不需要正式的收入證明）之中，有將近六〇％的自述收入都比借款人的實際收入高五〇％以上。

根據瑞士信貸集團的分析，二〇〇六年美國的貸款，有兩千七百六十億美元都核准給了沒提出收入證明（或證明不完整）的借款人。而最受歡迎的貸款是「二／二八」房貸：前兩年為很低的固定利率（所以很誘人），但往後二十八年的利率都非常高。

這又是另一個展現「後照鏡投資」風險的典型例子。批給信用紀錄不良者的次級房

82《葛林斯潘的泡沫：美國經濟災難的真相》（*Greenspan's Bubbles: The Age of Ignorance at the Federal Reserve*）。

83《葛林斯潘的泡沫：美國經濟災難的真相》第一三八頁。

84 雷納・索默（Rainer Sommer），《Die Subprime-Krise: Wie einige faule US-Kredite das internationale Finanzsystem erschüttern.》第一章與第二章。

貸，被包裝成名為債務擔保（Collateralized Debt Obligation，簡稱ＣＤＯ）的證券，再賣給投資人。由於不動產的價格數十年來持續上漲，因此這些證券的違約機率非常低。但只要價格一跌，所有統計數據與計算，都變得一文不值。

二〇〇六年七月至二〇一二年二月之間，美國二十個大都會區的標準普爾房價指數跌了三五％。其中跌最慘的城市包括坦帕（四八％）、底特律（四九％）、邁阿密（五一％）與舊金山（四六％）[85]。

許多在房市泡沫高漲之際購屋的美國人，由於債務已經超過了房產的價值，因此失去了自己的房子。除非他們能夠籌資還清房貸，否則銀行會取消其贖回權，然後將這棟房子拍賣。

買進債務擔保證券的投資人也蒙受了巨大的損失。但就跟所有金融泡沫一樣，有贏家就有輸家。輸家是被漲價所造成的瘋潮沖昏頭的天真之人，而贏家則是那些懂得逆週期買賣的人。

美國億萬富豪約翰・保爾森（John Paulson）在房市泡沫破裂之前，是個沒沒無聞的避險基金經理人，但他因為能夠看清局勢，而成為獲利頗豐的投資人之一。保爾森藉由買進「信用違約交換」（Credit Default Swap，簡稱ＣＤＳ），總共賺了兩百億美元，其中有四十億美元進了自己的口袋。信用違約交換是一種信用衍生合約，當證券（例如一批證券化的次級貸款）違約造成買方損失時，合約就會賠償買方。

由於大多數的投資人都不認為房貸的借款人會違約，因此保險費低得離譜。買進債務擔保證券的投資人必須仰賴評級機構的估價，而估價又是以計算違約機率為基礎。只有少數投資人（保爾森是其中之一）知道，這些計算所使用的歷史性資料，對於預測未來發展並沒有什麼幫助（或根本沒幫助）：不只是因為房價過去數十年來都持續上漲，也因為以前的次級房貸比例遠低於現在。

這些投資人澈底分析了所有證券化的房貸，辨識出最糟糕的風險（不過對他們來說是最棒的），而這是許多樂觀投資人一直忽視的地方。他們致力找出當地房市中，價格投機行為最極端的地方，以及最隨便批准的房貸——給最沒信用的借款人。

其實他們並沒有特別期待借款人違約、進而觸發信用違約交換的賠償。他們盤算的是，等到房價開始跌、其他投資人驚覺違約風險有多大的時候，信用違約交換的價格會飆漲。當然，他們無法確定房價還會漲多久，但等到房價一跌，他們就押到寶了。保爾森這種人之所以能賺這麼多錢，是因為他們有勇氣堅持自己的信念，而且他們的投資策略是由自己分析，並不是盲從市場的主流趨勢。

85 請參考席勒的《非理性繁榮》。

賺錢的散戶，不跟隨別人買股

全球股市泡沫的興起與破滅，以及美國的房市泡沫，都揭露了金融市場的心理學，值得大家引以為戒。無論散戶與機構投資人都有一個傾向：不敢違逆同儕的主流意見，因此出現了非理性的投資行為。雖然這種行為不一定會創造出市場泡沫，但確實會讓投資人錯失許多機會，而且自以為避開了「想像中的風險」——完全沒察覺自己反而冒了更多不必要的風險。

在我的研究《財富菁英》當中，我邀請四十五位超級有錢人，接受共五十題的五大人格特質測試。其中有少數幾個陳述獲得許多受訪者的贊同，而「我比較喜歡走自己的路」這個陳述，更是所有受訪者都贊同。

有勇氣反抗主流意見，或許正是投資成功的前提之一，因為這樣才可能低買高賣。當然，不保證反抗主流意見就能成功，因為投資人總是有可能抓錯時機——尤其是高度舉債投資的時候。而且逆向投資人有時也要其他投資人「配合」，才能依照自己的判斷行事。再怎麼說，總要有其他投資人買進，價格才會上漲，讓逆向的人有利可圖。

不過當市場正熱的時候，逆向投資人會很乾脆的脫手，因為他們假如發現主流意見與自己相同時，就會感到很不自在。他們把主流意見當成反指標——無論市場的氛圍是人心惶惶還是歡天喜地，他們都維持這種觀點。

屈服於同儕壓力、追隨潮流、盲目從眾，大家通常都以為只有股市散戶才會出現這些行為。但事實上這跟投資人的規模無關，保險公司、福利救濟與退休基金等機構投資人，全都是這樣。而且不只是股市與房市，其他市場的心理機制也都是如此。

代表機構投資人進行決策的人，並不是渴望成功的創業家。他們只是員工，以避免失敗為最優先。美國心理學家約翰・威廉・阿特金森（John William Atkinson）是以科學方法研究人類動機的先驅，他以「追求成功者」和「迴避失敗者」兩個詞，來形容不同的人格類型。而許多機構投資人都屬於後者。

從機構投資人的主觀觀點來看，迴避失敗優先於追求成功，是非常合情合理的：因為任何失敗都極可能對個人造成嚴重的後果，而成功了卻得不到回報，畢竟他們有拿薪水，做對決策只是本分而已。

參與大型機構投資的決策者，通常都會受到內心某種聲音的驅使（無論是否意識到）：「我的做法如果與所有人相反，會發生什麼事？如果我決策失敗，他們一定會要我負責：『你有毛病嗎？腦袋清醒的人根本不會想買這支股票！』」

另一方面，決策者只要跟競爭者做一樣的事情，就不會因為做錯而惹麻煩。他的老闆或董事會並沒有指望他比其他人聰明。他知道就算事態糟到極點，也還是能夠全身而退：因為「所有人」都這麼做，「當時」大家「一致認為」這是很穩健的投資。

我們可以從這裡學到什麼教訓？身為散戶，你其實是很幸運的：你不必對董事會或委員會負責。你的決策不需要隨著別人起舞。你會更容易做出理性決策，並相信自己的判斷。請記住全球投資之父約翰・坦伯頓（John Templeton）曾說過的話：「**最悲觀的時期就是最佳的買進時機，而最樂觀的時期就是最佳的賣出時機。**」

當然，不是每次股價或房價上漲都會造成泡沫。但假如價格在短期內暴漲，然後你身邊所有人都覺得會一直漲下去，那你就要特別小心了。相反的，假如所有人都說某一筆投資會賠錢，請你再仔細觀察一點：會不會是市場反應過度，使價格跌得太誇張？

也請記得不要太信任媒體，在市場正熱的時候，媒體會聚焦於「你為什麼要買……」之類的報導，然後忽略所有負面新聞。而市場衰退的時候，媒體會剛好相反，聚焦於「你為什麼不該買……」之類的報導，而且只報負面新聞。只要隨時記住媒體的報導不是極好就是極壞，你就有機會迴避「後照鏡」的陷阱，並在投資上取得成功。

死薪水的不投機致富金律

- 股市最熱的時期，也是進場時機最糟糕的時候。
- 股市漲跌帶來的投資教訓：不要不理性的跟隨趨勢投資。
- 股價整體走勢每隔五年會反轉一次，不論漲跌。
- 如果一檔股票漲得太快卻沒有任何明顯理由，可能就是快出事了。
- 能賺錢的散戶，都有勇氣反抗主流意見。

第十二章

平凡散戶乖乖買
被動式 ETF 就好

金融投資有個重要的概念——知道「不要」做哪些事情、該避免哪些陷阱，這對你投資生涯非常重要。我已經討論過一些投資人最常犯的錯誤，例如「本土偏好」與「後照鏡」效應。本章一開始也會介紹幾個投資人常犯的錯誤。最後你會發現，為了要迴避這些錯誤，你幾乎一定要採取「不可知投資法」（Agnostic Approach）——這名字是我取的。

投資人有三種選擇：直接買進個股、投資主動式管理基金，或是投資「被動式」基金（複製某特定股價指數）。

如果你覺得自己的預測能力勝過專業基金經理人，而且能打敗大盤指數，那當然適合買個股。不過許多研究已經顯示，很少散戶有這種本領[86]。

買賣股票的人當中有九五%是專業交易員，他們就是靠這項技術吃飯的。每次你買賣股票，交易對象多半都是這些菁英人士。可是大多數散戶都誤以為自己可以學會他們的招式，然後反過來打敗對方。

研究顯示，散戶通常都嚴重高估了自己的專業能力。某次調查發現，有七〇%的德國散戶都覺得自己「贏過一般人」，但他們的報酬率只有DAX成長率的二五%左右[87]。

雖然樂觀是一個很棒的人格特質，但同時它也很容易使投資人慘敗。研究人員曾調查投資人對自己的能力高估到什麼程度，以及背後的原因。實驗顯示，人們容易以為他們可以憑一己之力影響隨機事件。在一項研究中，研究人員請賭徒對骰子擲出的結果下注。他們在骰子擲出之前願意押的賭注比較大，但假如骰子已經擲出、只是點數還沒開出來，他們願意押的賭注就比較小。這就是科學家所說的「控制的錯覺」，它會使投資人高估自己在股市賺大錢的機會[88]。

股價是否反映公司的價值，才是重點

散戶怎麼決定何時該買或該賣？很多人都只是看到股票表現好就買了。他們讀到媒體報導某些股票已經漲了二〇％、三〇％甚至一〇〇％。當然，這是最短視的買股原因之一，而且絕對無法成為持久的長期策略。

專業的賣空專家或許能靠著瞬間買賣來賺錢，但身為散戶，你不太可能打贏極度精密的自動化系統。許多散戶喜歡追隨「最新內幕消息」，可能是跟熟人打聽，或從財經雜誌上讀到。而這些內幕消息，通常會再三引述經常「報明牌」的分析師所說的話。

86《Herleitung und Umsetzung eines passiven Investmentansatzes für Privatanleger in Deutschland》第四十六頁。
87《Herleitung und Umsetzung eines passiven Investmentansatzes für Privatanleger in Deutschland》第四十八頁。
88 漢諾・貝克（Hanno Beck），《行為經濟學》（*Behavioral Economics*）第六十一頁。

擁有三十年華爾街資歷的市場分析師史蒂芬・麥克萊倫（Stephen McClellan），特地寫了一本書，目的是希望投資者們能清醒一點。根據麥克萊倫的說法，分析師的預測技巧被過度高估，他們的預測完全不可靠。分析師們的建議多半聚焦於短期——因為大多數的客戶也只對短期有興趣。

麥克萊倫提出警告：分析師的服務對象是交易員，而不是投資人；因此他們的研究雖然對短期交易員相當有用，卻非常不適合想要長期投資的人[89]。

如果你堅持買個股，那你最好投資連分析師都看不上的股票。麥克萊倫說，二〇〇六年標準普爾五百指數之中，分析師最沒興趣的五十支股票，最後漲了二四・六%，而同一段期間，標準普爾五百指數整體只漲了十三・六%。而且那一年「股票經紀人推薦股」的平均表現，比標準普爾五百指數還差。

財經雜誌也很喜歡吹捧「股市老師」，他們可能之前猜中過一、兩次（例如預測到股市崩盤），從此聲名大噪，大家就漸漸忘了他們也猜錯過好幾次。有些「老師」是以極度悲觀或「崩盤先知」而成名，有些則是將自己定位成樂天派。

當股價下跌時，媒體會給「崩盤先知」較多版面；在股價上升時，媒體就會鋪天蓋地的報導「樂天派」分析師的評論。而天真的投資人全盤聽信這些預測，使得順週期投資的潮流更加惡化。

當然，並非所有買個股的散戶，都天真到只聽信媒體或熟人的建議。也是有人會深入研究股票背後的公司。大家普遍認為「藍籌股」很值得買，許多投資人都偏好聲譽卓著的大公司，因為它們以往的KPI都表現得很好。

但是我也不推薦這種方法，因為其他投資人也知道大公司的表現有多好，這表示正面的預測早已反映在當前股價了，因此你不太可能打敗大盤並獲得超額報酬。公司的體質不一定會反映它未來的績效，你該看的是**目前的股價是否反映公司的價值**，亦即股價是否太高或太低。

但我不是說個股不能買。我自己偶爾也會買股票，但唯有在投資期限長達好幾年、而且我確信當前股價沒有反映真實價值時（因為被市場看壞）才會買。

依我看來，散戶在短期交易是無法對抗專業人士的，但假如你買個股是做為長期投資的一部分，那還算合理，因為這樣散戶有可能意外獲勝。不過我還是建議你，**投資個股的錢不要超過總資金的五%至一〇%**。

除了買個股，你也可以買基金。基金有兩種：第一種是主動式管理基金，由經理人負

---

89 麥克萊倫，《吹破牛皮》（Full of Bull: Do What Wall Street Does, Not What It Says, To Make Money in the Market）第五十六頁。

責操盤、選股，目標是打敗大盤。第二種是被動式的ETF，它會追蹤並複製特定的股價指數（例如道瓊指數），所以理論上它的績效並不會高於或低於大盤。

邏輯上來說，所有主動式基金的總績效一定比大盤還差。基金的總數（亦即整個市場）會平衡不同基金的績效差異。不過這還沒把額外費用算進去，而主動式管理基金的費用會比被動式基金高很多。畢竟基金經理人費盡心思選股，當然希望領到佣金。

超過五〇%的經理人，不會投資自己管理的基金

有許多研究證明，大多數主動式管理基金的績效，都比它們參考的指數還差。投資銀行家格爾德・科莫，在他的博士論文[90]中引用了許多研究，而這些研究得出的一致結論是：「在研究的觀察期間內，若將成本與風險列入考慮，投資基金的績效皆有失水準。換言之，打敗指數（大盤）是主動式管理基金應該追求的目標，但它卻失敗了。」

主動式管理基金的擁護者認為，在「走勢不錯」時，投資指數型基金是很合理的——可是當股市崩盤的時候，指數型基金就會完全暴露於負面市場趨勢之下，而主動式管理基金的經理人能夠保護投資人，例如增加可用現金的額度。理論上這似乎有道理，但卻沒有經驗能證明這在實務上為真。

以二〇〇八年、二〇〇九年的大崩盤為例，結合了五百檔美國龍頭股的標準普爾五百指數，在極短的時間內就跌了五一%，到達最低點。在如此艱困的時局，對於主動式管理基金來說，應該是很棒的機會，可以證明自己的績效出眾！就算平均賠了三〇%至四〇%也算是成功，因為根據許多基金的補償政策，經理人只要打敗大盤，就依然能領到優渥的報酬。但事實上在這段期間內，有八九・九%的主動式管理基金，績效都比它們參考的指數還差[91]。

在其他股市陷入危機的期間，也有類似的研究。二〇〇〇年至二〇〇二年這三年間，美國股市的績效創下自一九四一年以來新低。可是就算在這三年內，也還是有五〇%至七五%以上（比例依基金種類而不同）的主動式管理基金，績效比參考指數還差[92]。

觀察這些數字就知道，難怪大多數的主動式管理基金經理人，都不會大舉投資自己負責的基金。根據晨星（Morningstar）評級機構在二〇〇九年發表的研究，四千三百位受訪的基金經理人當中，有兩千兩百一十六位（五一%）從未投資自己管理的基金。

90《Herleitung und Umsetzung eines passiven Investmentansatzes für Privatanleger in Deutschland》。
91（S&P indexes Versus Active Funds Scorecard）。
92《Herleitung und Umsetzung eines passiven Investmentansatzes für Privatanleger in Deutschland》第一二六頁。

一百五十九位（三％）投資一萬美元以下，三百九十三位（九％）投資一萬零一美元到五萬美元。而對於收入數百萬美元的基金經理人來說，這些都只是小錢。四千三百位主動式管理基金經理人當中，只有六百一十位（一五％）對自己管理的基金投入五十萬美元以上，人數少得可以。

換言之，我們至少知道一件事：連經理人都對自己管理的基金沒信心。可是銀行總是很用力推銷這些基金，因為它們的銷售額比被動的ＥＴＦ基金高太多了。

主動式管理基金擁護者認為，重點不在於這種基金是否大都能勝過大盤，而在於挑對基金。但我先強調一件事：其他「錯」的基金也有人買，而如果這些人去買被動式基金的話，搞不好能賺更多。假如未來的績效這麼容易預測，那你只需要確定自己投資的基金在未來能勝過大盤，至於其他大多數基金的績效如何，對你來說則無關緊要。

然而，當投資人要辨別哪支基金能「勝過」市場時，問題就來了。許多財經媒體似乎可以幫上忙，它們會製作各種圖表，秀出各類型績效最好的基金，例如投資德國股票、日本股票或美國股票的最佳基金；投資大公司或小公司的最佳基金。那麼這些圖表能夠幫到多少呢？

唯有過往的績效能夠可靠的預測到未來趨勢時，圖表才有幫助。每個基於基金過往績效的排名系統，都是以此為前提，可是這個前提顯然是錯的。

許多研究已經證明，基金過往的績效不太能預測未來趨勢。有一份研究，分析了某年排名前二五%的股票後來的發展狀況。這些股票只有一・八五%連續三年排名前二五%，而且沒有股票連續五年排名前二五%[93]，只有低績效基金才會展現出某種連貫性，主要是因為它們的高成本，澈底降低了績效。

除了基金排名外，還有基金評級。兩者的差異在於，排名只看過去的績效，而評級則會同時反映過往績效與預測未來趨勢。

有些機構的評級跟排名沒兩樣，因為它們明顯過於看重過往績效與波動性。其他評級則會觀察經理人以前管理過的基金，將其績效與競爭者相比，藉此強調基金經理人的追蹤紀錄。

評級的目標，在於預測某基金未來的績效，是高於或低於其他基金。機構運用所謂的「回測」來檢驗自己以往的預測精準度，亦即檢測被判定為高評級基金的績效，是否真的比低評級基金還高。

被動式（或指數型）基金是主動式管理基金之外的另一選擇。每支被動基金都會追蹤某特定指數，例如道瓊指數。這種被動投資法近年越來越受歡迎——不過論喜愛程度，機

93《Herleitung und Umsetzung eines passiven Investmentansatzes für Privatanleger in Deutschland》第二十五頁。

構投資人還是高於散戶。

這類基金的擁護者有個關鍵主張：既然大多數的主動式管理基金都無法勝過指數，而且也很難（甚至不可能）預測哪支基金未來能勝過指數，那還不如買被動的ETF——況且這類基金的費用還比主動式管理基金低很多，算是另一個誘人之處。

不過各ETF之間也是有差異的，它們雖然有相同的目標，亦即盡可能複製指數。但它們達成此目標的方法卻各不相同。主要的差別在於，有些基金會「實體複製」指數，有些則是藉由交換來「合成」出接近指數的結果。

簡單來說，「實體複製」基金買進的證券都跟指數本身有關。例如「DAX三十ETF」會買進DAX所包含的三十檔股票，至於各股比例則由經理人自行權衡。假如指數的規模非常大（像是MSCI世界指數），那麼ETF就不會買進該指數的所有股票，而是買進其他股票作為「樣本」，盡可能追蹤價格走勢。

另一方面，在「無資金交換」（unfunded swap）的情況下，基金會包含一些跟指數無關的證券。基金與銀行之間需要簽合約，確保這組證券的報酬會交換成ETF追蹤對象的報酬。這是為了向投資人保證，基金真的會因為指數的績效而受益。

近期發生銀行危機之後，投資人越來越擔心這類ETF伴隨的風險。假如合約的另一方——也就是銀行，違約了會怎麼樣？

若是在「有資金交換」（funded swap）的情況下，銀行必須事先存放一些流動證券，並交由中立機構保管，為前述風險投保。假如銀行後來真的無法履行交換合約上的付款義務，ETF經理人或第三方保管機構就有權利清算這些證券。

但請記住：儘管有保險，各類型的「合成式複製」都還是有殘餘風險。畢竟銀行存放的證券本身就會受波動影響，最糟的情況是在股市崩盤之際，就算清算證券也無法完全彌補銀行的違約。

如果你覺得這聽起來很複雜，那麼你最好買進「實體複製」的ETF，它選的股票都屬於它所複製的指數。而你面臨的下一個關鍵問題，就是該買哪一檔？ETF有好幾千檔，幾乎複製了世界上所有指數。

不可知投資法——打不贏大盤就加入它

現在你面臨了困難的抉擇。你該買進複製國內指數的ETF嗎？為什麼？因為你剛好住在這裡？這可不是好理由，我們在「本土偏好」那個章節已經講過了。

那要不要買進複製亞洲市場或「新興市場」指數的ETF？如果你假設這些市場的績效在未來能高於全球平均，這樣買確實合理。可是你要怎麼確定？

投資人在這方面常犯兩個錯誤。我們已經討論過第一個：只憑性質方面的論點（成長較快速、人口發展較有利等）來判斷，卻忘了這些數字都是常識，早就反映於股價了。一個國家的經濟成長能夠當作股市未來上漲的指標嗎？研究已顯示國民生產毛額（GNP）成長與股市報酬率幾乎沒有相關。有些情況下，GNP成長甚至會減少股市報酬率——已開發工業國家與新興市場皆是如此[94]。

如果看到這裡，你的結論是平凡的散戶很難（甚至不可能）選到最好的股票或基金，而且你也知道未來的股市走勢幾乎不可能預測，那你就是我所說的「不可知投資人」（Agnostic Investor）。

就字面上的意義來說，不可知論（Agnosticism）是一種強調人類知識受到限制的世界觀。希臘哲學家普羅達哥拉斯（Protagoras，西元前四九〇年至前四二〇年）曾說：「說到眾神，我不曉得祂們是否存在，或祂們是什麼樣子，因為這個主題太艱澀，而人類的生命太短暫。」

如今不可知論已經超脫了原本的理論框架，被運用在更廣泛的概念上，形容一種知識論（譯按：與知識相關的理論或哲學思維）的觀點，所以我也在此提到這個論點。可是我並非「效率資本市場理論」的擁護者——這理論認為市場運作得超有效率，股價在任何時點都反映了所有相關資訊。

根據這個理論，你在長期無法系統性的打敗市場——除非你運氣超好。此理論的擁護者認為，華倫・巴菲特這種數十年來都成功打敗大盤的人，就跟中了二十次樂透的人一樣，都是反常現象。但我不相信這種說法。

話雖如此，華倫・巴菲特確實是數百萬中選一的投資人，剩下的都是永遠無法成功打敗市場的投資人——無論買個股或基金都不行。華倫・巴菲特自己也再三建議，**平凡散戶還是乖乖的投資被動式ETF就好**。

二〇一三年，巴菲特寫給股東的信就包含以下建議：「業餘人士的目標應該不是挑戰贏家（因為能力差太多，就算找「幫手」也贏不了），而是每個事業的股份都持有一點點，它們聚集起來的績效必定不差。而低成本的標準普爾五百指數型基金，就能夠達成這個目標。」

華倫・巴菲特曾在二〇〇七年（全球金融危機前夕）與紐約精品投資銀行「Protégé Partners」的投資顧問泰德・賽德斯（Ted Seides）打賭[95]。他們賭的是「像賽德斯這樣的專家，是否能選出績效特別好的避險基金，在十年間勝過單純、多角化、低成本的被動式指

94《Herleitung und Umsetzung eines passiven Investmentansatzes für Privatanleger in Deutschland》第八十三頁。

95 https://www.gerd-kommer-invest.de/warren-buffetts-hedge-fonds-wette/

數基金？」

為了確保單一年份的一次性效應不會扭曲結果，巴菲特與賽德斯都同意他們的賭局必須持續一段很長的時間，也就是從二〇〇八年一月一日到二〇一七年十二月三十一日，輸的人要捐出一百萬美元的巨額獎金到慈善機構。

巴菲特挑選了「Vanguard 五百」指數型基金，它會追蹤標準普爾五百指數（包含了美國五百大上市公司）的績效。賽德斯則選了五檔組合型避險基金。

這個賭局有三個條件：排除不具代表性的短期報酬、單一避險基金的「異常」績效（無論好壞）不至於左右勝負、涵蓋全球近一萬支避險基金的大指數，其平均績效也不會左右勝負。

為了這個賭局，避險基金市場將由少數幾支績效非常好的基金作為代表。而且這些基金將由基金專家挑選。華倫．巴菲特說道：「我的對手是一支菁英團隊，聰明、自信又有爆發力。」

這個賭局一開始的情況，很像許多避險基金投資人在判斷哪支才是「最佳基金」時的模樣。他們知道哪支避險基金以前有最好的績效，並利用歷史性資料作為主要的選擇準則，但他們不知道自己的選擇在未來的績效會是如何。由於投資人有這種不確定感，所以他們通常都不會把所有雞蛋放在同一個籃子，而是同時投資好幾支基金。

若是以事後的角度來看，這場賭局涵蓋的十年期間，簡直就像在坐雲霄飛車，緊張刺激的程度可能在未來數十年都不會再有。

二〇〇八年到二〇一七年這十年間，發生了以下事件：八十年來最嚴重的全球經濟與金融危機；歐元區自二〇〇八年起持續委靡不振，致使大多數歐元國家的政府與私人負債創下新高；二〇一〇年的「閃電崩盤」（如今大家都忘了這回事）；二〇一五年的油價暴跌；二〇一六年起政府債券的名目收益率為負；至今尚未解決的歐洲難民危機；伊斯蘭基本教義派更加激化；英國脫歐公投（二〇一六年）；川普當選美國總統（二〇一六年）；中東的敘利亞戰爭；北韓逐漸深陷的僵局——我這裡只是稍微列舉幾個重大事件而已。

這些事件當然會伴隨劇烈的漲跌，包括二〇〇九年二月全球股市大跌了五七％（扣除通膨因素），以及其後二十四個月價格回漲了七八％（扣除通膨因素，所有資料皆以歐元計算）。

所以有一件事很清楚：這十年絕非風平浪靜。自詡為「華爾街之王」的人應該有許多機會，可以勝過長抱標準普爾五百指數型基金的策略。畢竟不趁這動盪的十年大顯身手，更待何時？

而這場賭局的結果如下：

・選定的十年間，沒有任何一檔組合型避險基金，能夠勝過標準普爾五百指數型基金（賭局的勝負，是由五檔組合型避險基金的平均績效來決定）。

・五檔組合型基金中，績效最高者輸給標準普爾五百指數一七%，而績效最低者更是輸給標準普爾五百指數五四%，有夠誇張。

・十年過去，Vanguard 五百指數型基金每一美元賺二・二六美元。相形之下，五檔避險基金平均只賺一・三八美元，比前者少賺了一半左右。

而揭露避險基金近年來績效不彰的，可不只有巴菲特與賽德斯的賭局。自從二〇〇三年至今十五年，全球避險基金部門（以HFRX避險基金指數為基準）有十四年都輸給全球標準型指數（MSCI）。

這場賭局還提供了一個觀點（雖然不算新）：任何投資所伴隨的雜項成本（亦即費用），都會大幅影響投資的成功機率。

投資組合型避險基金的費用，可能比投資Vanguard指數型基金還貴二十倍。避險基金的費用通常是二%管理費，加上額外的績效費；如果基金的報酬率還不錯（當然，賽德斯選的組合型避險基金並非如此），那麼績效費每年還會漲個一%。

就連頂尖的避險基金經理人都無法在十年後打敗大盤，如果你還是覺得自己在財務顧問的幫助下能夠贏過這些經理人，那我只能祝你好運了。我研究股價指數超過二十年了，也從未妄想能打敗大盤。

抱緊股！古希臘人教你如何抗拒股海誘惑

如果你跟我一樣，認為沒有必要花費時間與精力在勝算很小的賭局上，並承認你很難預測「哪一國的股價指數」是否能在未來贏過「複製全球市場的指數」，那麼依此邏輯推導出的結論，就是買進複製全球股價指數的被動式基金（亦即ＥＴＦ）。所以我從好幾年前，就將投資重點放在複製全球標準型指數（ＭＳＣＩ）的ＥＴＦ。

這項策略是基於一個前提：你確信買進公司股票作為實體資產是不錯的長期投資，而且全球等級的股票在長期會帶來不錯的報酬。當然，抱持這種想法不代表你真的什麼都不知道。

然而，我還有兩個重要問題要回答：什麼時候最適合買進ＥＴＦ？買進之後要持有多久？我先回答第二個問題：業餘人士投資股票的必要條件，就是他願意長期持有股票。而我的「長期」指的是數十年。可惜的是，大多數人都無法想得這麼遠，而這也是他們投資失敗的原因。

不過歷史上也確實有過股票長期績效表現不佳的時期。雖然這些時期算是少數案例，但也不保證股票「一定是」很棒的長期投資。所以每次有人建議投資重點要放在股票時，我都抱持懷疑態度。

如果你很不巧在股價最高點時進場——也就是股市即將跌不停的前夕，那你就麻煩大了。一九二九年買進標準普爾指數股票的投資人，到一九三二年六月已賠掉八〇%的資產，而且他們要等到一九五八年才能看到指數（已根據通膨做調整）漲回一九二九年的水準。這也太久了吧！

而從一九六六年開始投資的人也一樣慘，到了一九七四年他們已經損失了五六%，必須等到一九九二年五月才能看到指數（已根據通膨做調整）漲回一九六六年的水準[96]。

更慘的是一九八〇年代末期首次投資日本股票的人，當時日經平均指數（**按：由日本經濟新聞社推出，東京證券交易所的兩百二十五種股價指數**）接近四萬點，創下空前絕後的歷史新高。結果到了二〇一五年一月底，該指數只剩一萬七千五百點。

幸好，在市場高峰期將所有資金投入股市的人畢竟是少數。當然，如果能在最低點時投入所有資金，那就再好不過了。但我再次強調，很少有投資人能辦到這件事，因為我們只能在事後才得知最低點在哪裡，畢竟當時沒人知道價格還會不會繼續跌。

況且，你也不太可能這麼剛好，挪出來投資股市的資金全都在最低點進場。而且，一想到要在衰退的市場投入所有資金，大多數的投資人內心鐵定都很煎熬。

基於以上這些理由，我已決定每月定期買進標的為MSCI世界指數的ETF，完全獨立於股市波動之外。我在前一章討論過，大多數人都傾向在高股價的時候買進基金。所以大多數投資人的報酬率，都會比基金報告上寫的投資報酬率還低。

一九九一年至二〇〇四年間，美國股市的平均投資報酬率是每年一二・二%，而研究人員卻指出，在這段期間的七千一百二十五支基金中，報酬率只有七・七%（主要是因為費用高昂，長期下來會顯著影響成本），而投資人的平均報酬率更低，只有六・一%[97]。基金與投資人平均報酬率的差異，僅在於投資人在錯誤的時機買進或賣出股票。

正因如此，我推薦你遵循「奧德修斯策略」。根據傳說，奧德修斯（Ulysses，也作「尤利西斯」）這位伊薩卡島之王從死亡之地返鄉時，航行通過海妖之島，而海妖的誘惑之歌會引誘倒楣的水手步上懸崖，然後墜崖而死。於是奧德修斯請他的手下把他綁在船桅上，這樣他就算聽到海妖的歌聲，也不會屈服於其致命的吸引力。而且他還用蠟把手下的耳朵封住，這樣他們就能平安無事的航行通過這座島。

96 《非理性繁榮》第二十四頁至二十五頁。

97 《Herleitung und Umsetzung eines passiven Investmentansatzes für Privatanleger in Deutschland》第八十三頁。

對投資人來說，危險的懸崖就是股市熱潮期（此時你要忍住不對基金投資太多錢）與恐慌期（此時你要忍住不賣自己的股票）。

只要你遵守嚴格的儲蓄計畫，並且無論股價漲跌，每個月都投資同樣的金額（定期定額），你就等於是將自己綁在船桅上。

如你所見，我們可以從古代哲學家與詩人身上汲取許多智慧。只要你照著本章的科學研究發現來擬定投資策略，遵循不可知論（承認自己的知識限制）、學奧德修斯把自己綁在船桅上（抱緊股），以撐過市場的危機，那麼你透過投資股票使財富成長的機率，就會大幅提高。

但我還是不厭其煩的強調，平凡投資人不可能只靠買股發大財。**想發大財的話還是投資不動產比較好**。理由有很多，其中一個理由是公寓大樓的市場（隨便舉個例子）遠比國際股市還不透明，所以你只需要一點常識，就可以辨識出投資良機。

另一個重要理由是，**你在買不動產的時候可以借錢增加你的報酬率**——事實上大多數投資人也都這麼做。雖然你買股票也可以用這招，但風險高太多了，且讓我說明原因：

・如果是買股票，銀行願意給你的貸款額度只有總價的五〇％，但假如是買不動產，銀行就可以給你八〇％以上的貸款。由此可見，銀行覺得舉債投資股市的風險比投資不動產還高。所以買股的貸款利率也比買不動產高很多。

・如果股市崩盤，而你又沒有提供額外保證來確保貸款，銀行就會不顧你的意願，迅速將你的股票賣掉。所以你最好別貸款買股票，因為風險太高了。而不動產就不同，就算你的抵押資產淨值不高，也還是能大舉投資。

死薪水的不投機致富金律

- 分析師的研究對交易員十分有用，但非常不適合想要長期投資的散戶。
- 除了以往的 KPI，重點在於目前股價是否反映公司的價值。
- 散戶投資個股的錢不要超過總資金的五％至一〇％。
- 平凡散戶乖乖的買被動式 ETF 就好
- ETF 的兩大重點：定期定額、長期持有（數十年）。

第十三章

「必須付房貸」是創造財富的重要動機

二〇一三年四月，正值歐元區危機最嚴重的時刻，歐洲中央銀行發表了一份研究，揭露了一些驚人的事實：義大利、西班牙、馬爾他與賽普勒斯的平均財產都高於德國。雖然很令人訝異，但這份研究調查了六萬兩千個家庭，所以研究結果是無庸置疑的[98]。

德國的家庭平均淨財產約為五萬一千四百歐元，而義大利與西班牙分別是十六萬三千九百歐元與十七萬八千三百歐元。根據研究人員表示，此結果主要是因為**住宅不動產的差異而造成**。

德國只有四七・七%的人擁有住宅不動產，但義大利與西班牙擁有住宅的人各占六八・四%與八二・七%。此研究發現**「必須支付房貸」是創造財富的重要動機。持有房屋或公寓的人，財富遠高於租房子的人**。

另一份研究基於「健康、老化與退休之調查」，也得到類似的結果；其資料來自兩萬兩千兩百七十一位五十歲以上的歐洲人。此研究顯示西班牙與義大利的住宅房地產，分別占五十歲以上人士財產的七六%與七〇%[99]。這其實並不意外，因為西班牙與義大利是住宅自有率最高的歐洲國家。

不過這兩個國家，在平均財產和平均收入之間的比例也是最高的。此研究發現，兩國平均財產是平均收入的二十二倍。而住宅自有率明顯較低的德國與瑞典，則得到完全相反的結果。德、瑞兩國是財產與收入比例最低的國家——換言之，德國與瑞典的財產相較於收入來說低太多了。附帶一提，此研究也顯示出財富不均與住宅自有率之間的關聯：住宅自有率越高，財富不均的程度就越低。

只要比較屋主與租戶的財富，即可證實比較高住宅自有率與低住宅自有率國家所得到的結果：**不動產是創造財富的重要因素**。

有土斯有財，到歐洲一樣成立

根據德國聯邦銀行發表的數字，德國已付清房貸的屋主平均淨財富為二十五萬五千六百二十歐元；相比之下，正在付房貸的屋主為十六萬零兩百歐元，而租戶只有一萬零兩百九十歐元。至於平均總財富，已付清房貸的屋主為四十五萬七千八百二十歐元，正在付房貸的屋主為二十七萬零一百三十歐元，租戶只有四萬七千七百五十元[100]。

你或許會反駁，這個差異是因為高收入人士有較多可支配資產，因此也比較可能購

98 德國聯邦銀行，家庭財務座談會簡報第十八頁，二〇一三年三月二十一日。（Deutsche Bundesbank, Panel of household finances）

99 諾瑪・斯科佩克（Norma Skopek），〈Vermögen in Deutschland〉第六十六頁至六十八頁。

100 德國聯邦銀行，二〇一三年三月二十一日新聞稿附錄表格「Private Haushalte und ihre Finanzen」。

買不動產——換句話說就是財富較多的人會買不動產，並非擁有不動產的人會賺到更多財富。然而實證研究卻發現，此因果關係實際上還要再更複雜一些。研究人員比較了家庭淨收入相近的族群，證實出擁有自宅者與租屋族的財富，是有顯著差距的[101]。

買房比租房的人有錢

造成此差距的主因在於儲蓄行為的差異。擁有自宅者與租戶對於壽險、儲蓄計畫與其他投資所投入的錢都一樣多，兩者只差在自宅者要撥款付房貸。因此「買房者要付房貸，所以他們能儲蓄、投資的資金會比租屋族還少」這個假設是錯的。

該研究指出，屋主除了繳房貸，也會投資其他儲蓄計畫。到了晚年房貸繳完之後，他們甚至有更多的資本，可運用於其他形式的投資。

這也能解釋一件事：照理說很「有錢」的德國人，為什麼財富遠少於「比較窮」的義大利人與西班牙人？差別主要在於，義大利與西班牙的住宅自有率比德國高很多。人只要持有不動產，就會強迫自己乖乖存錢，這就是屋主的財富比租戶多的「祕訣」，也因此高住宅自有率國家的平均財富，比低住宅自有率國家高很多。

梅蘭妮・施馬倫布魯克在她的博士研究中，訪談並分析了四百七十二位人士，他們的平均財產為兩百三十五萬歐元。她發現工作收入是創造財富的最重要因素，接下來才是繼承遺產。

不過她還證實了一件事：不動產其實也是很重要的因素，有四八％的受訪者表示不動產是建立財富的「重要成分」。相比之下，覺得股市投資同樣重要的人只有二〇％[102]。有一〇％的受訪者甚至認為，不動產顯然是財富最重要的因素。而只有二．四％認為股市獲利才是最重要的。換言之，此研究顯示出一件事：若想創造超過百萬歐元的財富，那麼不動產比股票或基金投資還重要四倍。

事實上，如果把繼承的財富列入考慮，那麼不動產又更重要了。前述調查顯示，繼承遺產的富裕家庭當中，有八一％是繼承貨幣資產，而有六八％是繼承（或獲贈）不動產。但同樣是繼承三十萬歐元（平均值）的情況下，不動產的價值竟然是貨幣資產的兩倍。

這項研究也發現，富裕的創業家很喜歡買不動產。認為「創業精神是建立財富的重要因素」的人當中，超過一半都強調持有不動產是另一個重要因素。而且這個邏輯反過來也說得通：強調「持有不動產是建立財富的重要因素」的人當中，有五〇％也提到創業精神

101 《致富之路》第一七四頁。

102 以下論點請參考齊特曼所著之《Vermögen》，第三十七頁至三十九頁。

是重要因素[103]。

一般來說，人們是透過自己接案子或成立公司來累積財富，接著投資不動產使財富成長。而我自己差不多就是這樣。二〇〇四年，在經營自己的事業四年之後，我在新克爾恩（Neukölln）買了一棟大樓，內含二十四間公寓。新克爾恩是柏林當時環境最差的郊區之一。唯一沒阻止我做這項投資的人，就是賣房子給我的房仲；十一年後，他又用四倍價格，幫我把這棟房子賣給另一位投資人。當時我跟認識的人（有一些還是不動產專家）談到我的買房計畫，他們全都回答：「拜託不要！」德意志銀行（譯按：德意志銀行是商業銀行，德國聯邦銀行是德國的央行，兩者不同）還拒絕貸款給我，因為他們認為新克爾恩是風險過高的地點。

負面新聞不一定是壞事，它代表買點來了！

如今柏林的不動產市場是全世界最具吸引力的，所以你可能很難想像我在當時投資新克爾恩是一件很古怪的事。二〇〇三年三月二十日，德國《每日鏡報》（*Tagesspiegel*）報導了由德國經濟研究所（DIW）主辦的「柏林未來座談會」（Berlin Future Panel）。座談會得到的結論是：柏林的經濟成長大幅落後德國其他地區，而德國又是歐洲的吊車尾。

旅遊業正值蕭條，零售業也大幅衰退。二〇〇三年八月二十二日，《柏林晨報》（*Berliner Morgenpost*）報導柏林房市的空屋率已達到「歷史新高」。有十六萬間公寓空無一人。當地的政治人物爭論是否要把市中心的戰前住宅拆掉，以減少供過於求的問題。

二〇〇四年二月十日，房市刊物《固定資產》（*Immobilien Zeitung*）以〈壓力下的柏林房市〉為頭條刊載一篇文章，其中報導了空公寓共有十三萬間。該文章引用了裕寶銀行（HypoVereinsbank）的研究，而這份研究指出住宅不動產的房價還會繼續下跌。當時公寓的售價為每平方公尺一千至五千歐元，而且幾乎沒人敢買新大樓的公寓、或超過一間臥室的房子。

二〇〇四年十一月，德國明鏡電視臺報導新克爾恩是「柏林的貧民窟」——又一篇危言聳聽的報導。該區的三十多萬居民中有將近二五%的人失業，領社會救助金的人口比例比歐洲其他地區還高。二〇〇四年一月，《柏林日報》提出警告：「新克爾恩再過不久就會變得難以治理。」二〇〇四年九月九日，德國《世界報》的頭條寫著：「新克爾恩：貧窮的中心——領社會救助金是常態。」

當時買房子的我，難道都沒讀報紙、沒看懂對於柏林的負面研究報告嗎？我當然看

103《致富之路》第一七八頁。

了。但我相信當地的**房價早就反映這些數據了**——因為沒人想買，所以新克爾恩那棟大樓便宜到爆。房價是將每年淨租金（不含水電費）乘以某個數字所計算出來的。每年淨租金（不含水電費）是十五萬一千歐元，而我花了一百零二萬歐元買下那棟大樓。這超划算的，因為我只以六・八倍的租金價格就買下它，初期就有將近一五％的毛收益率！

付完房仲的佣金、不動產移轉稅與一些初期維修費用之後，我總共花了一百二十一萬五千歐元。幸好為我服務的銀行行員很聰明，他知道我撿到寶了，我的投資一定會有回報。於是銀行貸給我一百一十六萬四千歐元，用來買房子與支付不動產移轉稅，還多貸給我七萬八千歐元用來升級大樓——加起來總共是一百二十四萬兩千歐元，比我的總開銷還多兩萬七千歐元。換句話說，我買房完全不用自己掏錢。

不過，我同意的初期還款率高達六％。所以到了二〇一五年三月底，房貸只剩下二十二萬四千歐元。當柏林的不動產市場漲到我覺得不合理時，我決定賣掉那棟房子，賣價高達四百二十萬歐元。過去十年來，我的房租沒有漲很多，當初我是以租金的六・八倍買下這棟公寓大樓，最終以二十四倍的價格賣出。換句話說，才不過十幾年，我就憑空賺了四百萬歐元。當然這次不動產投資太成功了，不太可能會有第二次，但這不表示它不能拿來舉例。

就跟其他投資一樣，買不動產的時候也必須放眼未來。我跟許多人一樣，都很清楚柏林房市當時遭遇的問題：高空屋率，租金停滯甚至下跌。我也同樣清楚新克爾恩這類地區的特定問題，但我相信這些負面消息早已經反映在房價了。

高空屋率與低租金就表示沒什麼人想蓋新房子，不過這座城市的人口超過三百萬，每年卻只蓋了幾千間新公寓，因為蓋新房無利可圖。而我早已預見空屋率遲早會降低、導致租金上漲。所以最後我選擇在新克爾恩置產。

當時我完全不覺得這宗投資的風險很高。就算這棟房子沒增值，光是豐厚的租金收入就很誘人了，因為這樣我每期還可以多還一些貸款。假如這個地區的租金與房價都沒漲，我就無法憑空賺四百萬歐元，但應該還是能輕鬆賣到一百萬歐元。因此對於這筆在不怎麼樣的地段、高比例借貸資金的投資，我也並不認為它有什麼風險。

從那次以後，我已經賣了許多柏林的房產，但有一棟我其實想繼續持有：位於柏林夏洛滕堡（Charlottenburg）的公寓大樓，內有二十五間公寓與兩個商業單位。我是在二〇〇九年四月買下這棟公寓大樓的，當時所有人（尤其是銀行）對經濟都極度悲觀，因為雷曼兄弟銀行在七個月前剛剛倒閉。我發現不動產的需求也減少了，因為銀行非常不想貸款給別人，而且大家都認為大難即將臨頭。價格雖然沒崩盤，但確實下跌了。就我看來，這正是買房的最佳時機。我以超低的房價租金比例（十一・九）買下那棟大樓，毛收益率高達八・四%。

近年來，柏林的左翼政府讓屋主越來越難過。它們幾乎在每個地方都劃定了所謂的「郊區保護區」。這些區域內的房產由政府決定如何處置，屋主不能插手。所以屋主就不能把房子分割成公寓了。以防萬一，即使當時我沒打算賣掉這棟大樓，我還是在二〇一八年採取法律途徑，正式將大樓分割成公寓。為了預防這個郊區在未來也被劃定為保護區，而幾個月後這件事還成真了。假如我沒有分割為公寓大樓，房價可能至少跌二〇%。

二〇一九年六月，柏林的左翼政府又宣布它即將通過一條法律，讓房東頭五年不能漲房租，但依我猜測，等五年過去後，八成還是不能漲。這個新的房租凍漲法規，甚至迫使房東把房租降到比原本的合約還低！

我立刻就警覺到，這項政策在中期將導致房價暴跌，因為它貶低了所有出租房產的價值。於是我放棄了原本的計畫，立刻決定賣掉位於夏洛滕堡的公寓大樓。市場上的潛在買家並不多，因為大多數的投資人眼見房租即將凍漲，都已經不敢再買柏林的房子。不過我還是找到了一位投資人，他在二〇一九年九月用七百五十萬歐元買下我這棟大樓。此時的房價租金比例為三十三・五，幾乎是我二〇〇九年買下時的三倍多。

我當初買這棟房子付了一百八十五萬歐元再加一些雜項費用，但我自掏腰包的部分只有四十六萬八千美元。我不但同意較高的還款率，後來還一口氣還了七十五萬一千歐元，所以我賣掉這棟房子時已經沒有債務了。如果你把一開始花的錢與後來一口氣還的錢加起來，會發現我總共投資一百二十二萬歐元，最後收回七百五十萬歐元，因此淨賺了六百二十八萬歐元。

有人可能會說：「這根本躺著賺嘛！」某方面來說他們是對的，但另一方面，我也要有膽識在雷曼兄弟破產後的低迷市場買房，而且還要精準分析十年後的政局發展，才可能在最後一刻分割房產再賣給投資人。有些「仇富者」並不了解，財富並非「血汗與淚水換來的獎勵」，而是甘冒風險、正確分析政經環境、然後下定決心貫徹正確結論後的報酬。

就跟任何投資一樣，假如你敢反抗潮流，並藉由可靠的資訊建立自己的看法，你就有大好機會可以賺大錢。當然，用超過一〇〇%的借款率來買房，就常理來說確實風險很高——我就是這樣買下新克爾恩那棟公寓大樓。在此特殊案例中，我之所以可以這麼做，是因為銀行估計這棟房子的抵押價值很高，而我能獲得回報的原因，是因為我把賺來的錢拿來還貸款而不是花掉，而且不動產市場的發展符合我的預期。

有鑑於許多人投資不動產無法成功、或是蒙受嚴重的損失，因此想要規避風險的投資人，都必須謹慎行事。其中一項最大的風險就是借款。以前房貸一般都是固定十年期，初期還款率定為一%。

而在目前的市場，由於利率低、房價上漲，因此這種貸款的風險非常高。利率越低，每月還款率就越低，這表示要花更多時間才能繳完貸款。等到固定利率的房貸到期後，利率可能會暴漲，卻還有一大筆貸款尚未還清。在最糟糕的情況下，買家無法履行每月還款，貸款銀行就會把房子拿去拍賣。因此規避風險的投資人，為了將這種風險降至最低，或許較偏好十五或二十年的固定利率，以及較高的還款率。

我買不動產的時候，總是會考慮以下兩個簡單的法則，而許多投資人要是曾遵守它們，也就不會因為誤判的投資而惹上一身麻煩：

・買下公寓大樓之前，務必委託專家調查它的結構是否堅固。如果這棟大樓長了木蝨、黴菌甚至乾腐病，也不表示你一定不能買，但還是要小心。處理乾腐病可能要花你很多錢和時間。

・請專家去調查大樓之前，就要先跟附近的房客談談！敲他們的門，請教一下住在這裡一陣子的人。他們比任何專家更了解這棟大樓，因此能夠提供你需要的所有資訊：大樓內有潮溼問題嗎？房客流動率高嗎？以前有公寓空著很長一段時間嗎？大多數的房客都意外的開放，不但願意給你資訊，還可能帶你逛逛他們住的公寓。我曾經看過某一棟大樓，賣家發誓絕對沒有潮溼或黴菌的問題。可是有一位房客居然給我一份「攻略」，上面寫著他跟鄰居如何戰勝公寓的黴菌。

到目前為止，我主要是談論住宅不動產的投資。不過不動產市場還提供了其他許多投資機會，像是辦公大樓、零售房地產、企業房地產、物流設施、看護中心、旅館等。

不過大多數投資人無法直接投資商業不動產，因為買價比住宅市場高很多。對大多數投資人而言，比較可行的是「間接」投資，亦即買進不動產基金或不動產股份。可惜的是，很少有投資人善用不動產基金帶來的間接投資機會。

如果你想投資外國不動產市場，這些基金就是非常好的媒介。我真的不懂為什麼很多人不投資這些基金，因為它們結合了不動產與股市投資的好處。比方說，如果你想善用亞洲房市提供的機會，那就可以買進投資標的為不動產投資信託的基金。許多不動產投資信託都是高度專業的不動產經紀公司，聚焦於特定類型的不動產（例如購物中心）。

不動產會讓你變有錢嗎？就跟其他類型的投資一樣，如果你直接投資某些標的或封閉式基金，而不是多角化投資，就比較可能致富。我自己直接投資柏林的不動產市場就是很好的例子。我假如投資極度多角化的基金，就幾乎不可能達到兩位數的報酬率。

那麼這種投資的風險會比多角化投資（例如開放式不動產基金）還高嗎？假如你沒有仔細觀察投資機會中的每個細節，風險一定很高。但當然，你賺到高報酬的機率也會大幅提高。

再次強調，就跟其他任何投資一樣：追隨潮流、跟所有人投資同樣的機會，乍看之下是比較安全的賭法，但實際上反而是風險極高的行為，很少能獲得回報。

如果你有勇氣反抗潮流，並且具備專業知識，比別人更準確預測房市趨勢，進而以划算的價格買進，那麼你在這個部分就能賺到豐厚的利潤。

死薪水的不投機致富金律

- 「必須支付房貸」是創造財富的重要動機。
- 出現負面新聞，有可能是進場的好時機。
- 初期較高的房貸還款率＋固定利率，最能降低風險。
- 投資不動產前的兩個法則：
  1 調查結構是否堅固，減少後續要花費的金錢和時間。
  2 先和鄰近的房客談談：大樓內狀況如何、房客流動率等，他們比任何專家都更了解附近的情況。

第十四章

除了糟糕的投資，還有很多因素能讓你賠錢

你的財富所面臨的危險，可不只有糟糕的投資而已。許多人低估了一些潛在威脅，這些威脅可能來自個人，也有些是來自政治或社會因素。以心理學的層面來說，創業家與投資人尤其會遭遇以下風險：

- 失焦，以及膨脹的自信。
- 過度樂觀。

美國著名投資人吉姆・羅傑斯（Jim Rogers）以前曾與喬治・索羅斯（George Soros）一同管理量子避險基金（Quantum Hedge Fund），他跟我講過好幾次：對投資人而言，最危險的時刻，就是前一次（或前幾次）投資大獲成功之後。

羅傑斯說，此刻投資人會覺得自己天下無敵，因此很難抗拒再計畫一次大投資的衝動。不過此時最好什麼事都別做，好好觀察市場並等待正確時機。羅傑斯就是因為遵守這些原則而賺了好幾百萬美元。

還有一個陷阱，就是你認為自己在某個領域成功了，那麼在其他截然不同的產業也會同樣成功；宜家家居（Ikea）的創辦人費奧多爾・英格瓦・坎普拉（Ingvar Feodor Kamprad）就吃過這種苦頭，讓他了解事情並不總能如此順利。

在家具產業賺大錢之後，坎普拉決定到其他領域試試手氣，於是買進了某家製造電視機的電子公司股份。然而他的新事業吞下慘敗，最後坎普拉賠掉了宜家家居二五%以上的資本[104]。

但這不代表你絕對不能嘗試新的事業構想、或善用專業領域外的機會。例如英國的億萬富豪理查・布蘭森的生涯就是不斷尋求挑戰：唱片公司、航空公司、模特兒經紀公司以及其他數十個事業，包括一間銷售「太空旅行」給有錢人的公司。其中有些事業遠比其他事業還成功。不過布蘭森算是例外，一般人如果失焦的話，就很容易賠光所有錢。

所有賺錢指南都會強調正面思考的重要。但太過樂觀也是公司倒閉、富豪們賠錢的主因之一。

我看過許多咬牙苦撐的事業，例如在市場條件改變的時候。在這種情況下，起初讓它們能夠蒸蒸日上的超樂觀態度，有可能會變成使其衰敗的主因。創辦人不想承認失敗的現狀，就算外人一看就知道在新的市場條件下無法經營，他們還是固守自己的事業模式。

創業家先前克服了看似不可能的難關所產生的自信，遲早會成為致命傷。過去的成功，將會使他們更確信自己能征服逆境，因此無法看清事實——有些情況再有自信都沒用。

104　《Dare to Be Different and Grow Rich》第三十四頁至三十七頁。

心理學家將這類型的盲目，稱作「選擇性知覺」：處境越艱難，我們就越容易只看到機會而非風險。換言之，我們會系統性的忽視任何負面資訊。

在這種情況下，企業主或投資人會將任何想警告他的人視為「失敗主義者」或「負面思考者」。他身旁的人本來能夠更客觀評估負面結果的風險，被潑冷水後就不敢說真話，或是語帶保留。而相反的，與他一樣過度自信跟莫名樂觀的人，就會受到鼓勵而暢所欲言，使他更堅持自己的錯誤決定。

過度自信、試了再說，會讓你無法意識到風險

大家普遍認為創業家很有冒險犯難的精神，偏好承擔風險。而新創公司失敗的比例之高，或許能支持上述理論。

目前雖然尚未明確證實「創業成功」與「甘冒風險」之間的關聯，不過數據已經顯現出，甘冒風險的人比較想創業——但不一定比較容易成功。

一九九九年，德國心理學家伊娃．羅斯蒙德與雷納．席爾伯瑞森（Rainer Silbereisen）發現，少數直接調查「創業成功」與「甘冒風險」之間關係的研究都顯示一件事：「創業家甘冒風險的程度，並不會左右公司的成敗或成長速度。」但另一方面，較高的風險容忍

度確實跟「想要創業」有關聯[105]。

美國有一份主題為「個人特質與創業成功之關聯」的研究，表明「成功」與「甘冒風險」之間有著非線性的相關性。雖然一定程度的愛好風險，與創業成功是正相關的，但過度愛好風險就會有負面影響。

羅斯蒙德與席爾伯瑞森總結道：「創業一定有風險沒錯，但如果以高風險的方式經營事業，那就真的很危險。」他們還補充：「有些研究甚至顯示，愛好風險與事業成功是負相關的。」

有趣的是，相較於其他人，創業家傾向認為自己的行為沒那麼冒險。美國研究人員洛克與鮑姆皆同意：「外人覺得創業家很冒險，創業家自己卻不覺得如此。這是因為創業家有極度的自信，他們覺得依自己的能力來看，創業似乎沒什麼難度。只要他們拿出真本事，客觀來說這門事業就沒有風險[106]。」

其他研究也顯示，創業家不一定比非創業家更甘冒風險——應該說，這兩種人對於風險的知覺有差別。創業家對風險比較沒感覺，所以別人會以為他們對風險的容忍度很高。

105《Erfolg von Unternehmern: Die Rolle vonPersönlichkeit und familiärer Sozialisation》第一一七頁。
106《創業動機》（*Entrepreneurial Motivation*）第九十九頁。

創業家在面對曖昧不明的事業情境時，心態上會比非創業家正面得多。此外，創業家喜歡「先試再說」，所以他們在決策時比較感覺不到風險。但要不是有這些「認知捷徑」，或許有很多事業決策永遠都無法實現[107]。

一九九九年，奧克拉荷馬大學教授洛威爾・布森尼茲（Lowell W. Busenitz）發表了一份全面性調查，主題是：「為什麼某些創業家在冒險傾向上與平均值並無明顯差異，卻還是承受了過多的風險？」

布森尼茲調查了一百七十六位公司創辦人，以測試一個假設：「創業家在決策的時候，較偏好自己試探，而且偏見特別的多，因此他們無法完全意識到創業時可能產生的風險[108]。」

而他的發現，證實了上述假設：創業家確實喜歡先試再說，因此簡化了決策流程。布森尼茲證實公司創辦人相較於高階主管，更容易過度樂觀（過度自信），而且明明沒有數據佐證，卻把事情想得很稀鬆平常。從創業家的主觀角度看來，他們並沒有比非創業家更願意冒險——實際上，他們經常沒有意識到自己冒了什麼風險。

以成功經營事業與建立財富為主題的指南，都會述說那些不凡的男女，在其邁向成功的路上，曾經面臨嚴峻的挑戰，有時甚至被逼到退無可退——但他們堅持不懈，終究還是克服難關。我的著作《絕不讓對方說「不」》中就包含這類型的例子，令人印象深刻。可是你要記住，這些書籍只會述說最後成功的人。那麼其他沒有圓滿結局的人呢？

公司老闆撐到最後，承認自己原本的事業構想不再可行、公司沒有未來，這其實沒什麼好奇怪的。不論對於老闆或員工來說，都是艱困的時刻。不過話說回來，這本來就是事業經營的一環，而且每個人都可能遇到——不管是中小型企業還是看似無敵的大公司。正因如此，如果想要持續守住自己的財富，就必須分散風險，並確保你的財富不要只跟一家公司綁在一起。

富裕人士也常犯一個錯誤：把所有資金全部押在自己的公司，然後放著不管。將你的事業利潤再投入事業，或許是讓財富成長的最快方法，但也是一場豪賭——風險等於把所有錢拿去投資同一支股票。所以你的個人資產一定要跟公司資產嚴格區分開來。

過度自信加上缺乏紀律，也是一種風險來源，可能使你失去所有（或一大筆）資金。我們已經在第六章見識到，許多富翁們都過得非常節儉——雖然有些人並非如此。

當人們習慣穩定的高收入之後（無論是主管級高薪還是公司股息），他們就會培養出

107〈創業精神之研究與實務：心理學的行動呼籲〉（*Entrepreneurship Research and Practice. A Call to Action for Psychology*），收錄於《美國心理學家》（*American Psychologist*）第五八三頁。

108〈創業風險與策略性決策〉（*Entrepreneurial Risk and Strategic Decision Making. It's a Matter of Perspective*），收錄於《應用行為科學期刊》（*The Journal of Applied Behavioral Science*）第三二六頁。

高水準的生活方式。這是理所當然的，畢竟大多數人努力賺錢，可不只是為了把財產留給後代。

然而，依賴高水準生活，其實是有風險的，而且降低期望比提高期望困難多了。有些有錢人因為過往的成功而產生樂觀的看法，使得他們認為未來也是一片光明。有些人在失去經濟基礎、開始入不敷出之後，甚至還貸款來維持有錢人的生活方式與穿著。

不過，瞬息萬變（有時甚至令人措手不及）的可不只有經濟局勢而已。

「福利政策」正在拖垮國家

在現今的世界，最大的政治風險來自於以下的問題：許多國家嚴重的債務，以及各國政治人物所提出的「福利政策」。無論日本、美國還是歐洲，公債的比重都創下新高。

近年來，金融危機與新冠病毒危機嚴重惡化了上述情況。不過，當前債務危機的源頭是早在很久以前就扎根的。過去幾十年來，西方各國的政治人物，都透過一個接一個的福利計畫，來贏得選民的支持。

二戰後的歐洲曾經見識過福利國家模式的興起與擴散，這類國家的國內生產毛額（GDP）有一半都重新分配過。有些是稅收與國家保險的款項，有些則是透過公債來籌措資金。

各國政治領袖都持續在尋找機會消滅「社會不正義」。研究和教育機構阿克頓學院（Acton Institute）的研究主任山謬・葛雷格（Samuel Gregg）曾經表明：「全世界經濟體對於社會保障的支出，光歐洲就占了五八％[109]。」

美國在許多歐洲觀察家眼中依舊是「氾濫」的自由市場經濟，但就連該國的公共福利支出，在過去數十年來也是顯著增加。

二〇一〇年，美國有七〇・五％的公共支出是花在各種福利計畫上；一九六二年是二八・三％，一九九〇年是四八・五％。一共有超過六千七百萬名美國人，在領取政府的福利[110]。

歐洲人對於美國的普遍印象是：「不受拘束的自由市場資本主義堡壘。」但這其實是一種迷思，因為美國的公共支出已經連續增加好幾十年了。這個國家的嚴重債務問題，並非由軍事支出導致，而是因為福利支出增加太多了。

109　葛雷格，《化作歐洲：經濟衰退、文化以及美國如何避免步上歐洲的後塵》（*Becoming Europe: Economic Decline, Culture, and How America Can Avoid a European Future*）第一五九頁。

110　《化作歐洲》第一八六頁。

如此巨額的公債是無法償還的。幾乎所有西方國家的融資能力都已達到極限。再發生一次金融危機的話，它們恐怕會陷入萬劫不復的地步。

理論上，有些潛在的解決方案有助於減輕債務：

- 經濟成長。
- 大幅刪減福利支出。
- 提高領退休金的年齡。
- 增稅，尤其針對那些「高收入者」與「高淨值人士」。
- 通貨膨脹。
- 金融壓抑（譯按：政府降低利率以減輕債務）。
- 主權違約（譯按：一國政府無法按時償還對外債務）。

當然，經濟成長（二戰之後美國就是靠它擺脫債務）是最理想的解決方案。可是你如果認為經濟成長的規模足以降低目前的債務水準，那就太不切實際了。至於大幅刪減福利支出，也不是個完美的選項，因為根據經驗顯示，膽敢刪減福利支出的政府，下屆選舉就會落選。我在本章結束前，會回頭討論第四個解決方案——對高收入者與高淨值人士增稅。

各國央行正在玩火自焚

理論上，通貨膨脹也是減少公債的選項。有些投資人擔心中央銀行以「量化寬鬆」政策處理債務危機，可能會造成通貨膨脹。但到目前為止沒發生過這種事。事實上，通貨膨脹率正在下跌，而歐美的政治人物們反而更擔心通貨緊縮。

然而，這並不保證長期下通貨膨脹率不會上升。自從金本位制度（按：以黃金為本位幣的貨幣制度，每單位的貨幣價值等同於若干重量的黃金）廢除後，無論民主或專制政權，都迫不及待在發生經濟危機時印鈔票，因此觸發了通貨膨脹與惡性通貨膨脹。

德國經濟學家彼得・伯恩霍茲（Peter Bernholz）在其研究《貨幣制度與通貨膨脹》（*Monetary Regimes and Inflation*）中指出，一八〇〇年至一九一四年間，當貨幣制度為金本位與銀本位時（除了拿破崙戰爭時期），是沒有通貨膨脹的。第一次世界大戰之後，英國與瑞士等國家回到金本位制度。

已有證據顯示，金本位制度經歷通貨膨脹的機率遠比紙幣本位制度還低。伯恩霍茲也表示，自從金本位制度廢除後，獨立的中央銀行就是防止通膨的最佳利器。

歷史上，有獨立中央銀行（例如以前的德國聯邦銀行）的國家，經歷的通膨率會比沒有獨立中央銀行的國家還低。歐洲中央銀行的問題在於，它在歐元區危機期間失去了獨立性，這表示對抗通膨的關鍵防護機制，已經變得無力。

因為利率太低，就連普通程度的通膨都會導致「金融壓抑」。許多國家目前的利率都低於通膨率，等於是在默默吞掉民眾的儲蓄。高通貨膨脹率可能會觸發巨大的社會危機。政府引起的通膨也有失控的風險，最糟的情況則是導致惡性通貨膨脹。

「惡性通貨膨脹」的意思是指通膨率每月上升超過五〇％。歷史上發生過二十九次惡性通膨事件，其中二十八次發生於二十世紀——這項數據可以證實紙幣與通膨風險的關聯。在這些極端局勢下，災情最慘重的莫過於以債券為主的投資人。

主權違約絕對是最後的手段。各國政府會在權力範圍內盡可能避免這種後果，因此對高淨值人士課重稅或特別稅。

二〇一三年，國際貨幣基金組織（IMF）提出「對私人財富課稅一〇％」的概念[111]。它們在《課稅時機》（*Taxing Times*）報告中的結論是：「許多國家的公共財政嚴重惡化，令政府重新考慮課徵『資本稅』（亦即針對私人財富的一次性稅賦，作為例外手段），以恢復債務的可持續性。這種稅的好處在於，如果它能在可以避稅之前先實施，且大家相信不會再課第二次，就不會讓人想走旁門左道（而且對某些人來說也覺得公平）[112]。」

為了合理化這個思想實驗，國際貨幣基金引用了以下計算：「先進經濟體的平均負債比率，應該會在歷史高峰時穩定下來（約為GDP的一一〇%，比二〇〇七年的水準高了三五%）。」

這項提案反映出一種普遍的政治共識：在財政困難的時局下，有錢人是最不值得保護的人口。前法國總統法蘭索瓦・歐蘭德（François Hollande），曾在二〇一二年提議「為了國家團結而徵收例外的稅賦」（講白了就是對有錢人課重稅），作為他競選時的核心政見。法國憲法委員會起初駁回這項提議，但後來還是通過了一個修正版本——薪資超過一百萬歐元的員工要繳七五%的臨時稅[113]。

現任法國總統艾曼紐・馬克宏（Emmanuel Macron），之前曾擔任歐蘭德政府的經濟部長，覺得這個稅太過荒謬，抱怨歐蘭德「將法國變成沒有太陽的古巴」。法國參議院委託專家進行研究，發現受這個稅影響最深的對象，其實是營業額小於五千萬歐元的小公司。二〇一四年末，這個稅就廢除了。

111 （The International Monetary Fund Lays The Groundwork For Global Wealth Confiscation），二〇一三年十月十五日。

112 https://www.imf.org/external/pubs/ft/fm/2013/02/pdf/fm1302

113 《CNN Money》〈法國立法課徵七五%「百萬富翁稅」〉（France's 75% millionaire tax to become law），二〇一三年十二月三十日。

你可能覺得七五%的「超級稅」很扯，可是它絕非首創。一九七〇年代，瑞典的社會民主主義政府增加高收入者的稅賦，最後逼得創業家別無選擇（像是宜家家居的創辦人坎普拉），只好離開這個國家。一九七三年，坎普拉先搬家到丹麥，後來又搬到瑞士。

三年後，他的瑞典同鄉——世界知名繪本系列《長襪子皮皮》（*Pippi Longstocking*）的作者阿斯特麗德・林格倫（Astrid Lindgren），在瑞典報紙《表達》（*Expressen*）發表了一篇諷刺性的「童話故事」，標題為〈金錢世界裡的龐培里波沙〉（*Pomperipossa in Monismania*），旨在抗議政府對自僱者課徵離譜的稅率。

根據她的計算，她要繳的稅超過所得的一〇〇%！瑞典財政部長公開指控這位暢銷書作家亂講話，結果沒多久他就得撤回指控，因為林格倫實際上被課的稅，真的超過一〇二%[114]。

面對一〇二%以上的稅率，富裕人士此時有三個選擇：乖乖繳稅、避稅、或離開這個國家。而如果在不久的將來又發生金融危機，這些政治領袖還是會繼續找代罪羔羊來掩飾自己的錯誤。

二〇〇九年，最近一次金融危機的高峰期，民眾對於「銀行家」的敵意特別深，連高階主管和有錢人都被波及。報紙上滿是「仇銀行家」（bankerbashing）事件的報導。

三月二十五日，反銀行的社運人士，襲擊蘇格蘭皇家銀行行長弗雷・古德溫（Fred

Goodwin）位於愛丁堡的住家，砸破幾扇窗戶，並毀損一輛停在車道上的車。

二〇〇九年四月，倫敦G二〇高峰會期間，許多銀行家與交易員都穿牛仔褲與運動衫，因為他們害怕自己被抗議者「吊死在路燈上」。抗爭召集人克里斯．奈特（Chris Knight），本來在東倫敦大學擔任人類學講師，後來因為主張對銀行家使用暴力而遭到停職，最後被解僱。

而在法國，開拓重工公司（Caterpillar）的憤怒工人為了抗議裁員，不但堵住辦公室，還抓了四個主管當人質。

在危機時刻譴責不受歡迎的少數人，已是流傳了好幾千年的老招。這些「代罪羔羊策略」之所以能奏效，是因為危機的真正原因，通常都超出多數人的理解範圍——比起了解導致崩盤的複雜經濟原因，歸咎於「有錢人」真的輕鬆許多。

坎普拉移居國外，看似極端反應，但絕對不是只有他這樣做。顧問公司萊坊彙編的〈二〇一三年財富報告〉中，包含了「不同國家與地區的百萬富翁，曾考慮移民的百分比」這類資料。

114《紐約時報》〈童書作者阿斯特麗德．林格倫逝世，享年九十四歲〉（*Astrid Lindgren, Author of Children's Books, Dies at 94*），二〇〇二年一月二十九日。

毫無意外，百分比最高的是拉丁美洲（七三％）與俄羅斯（六七％）。不過歐洲也不低，有六〇％的富翁曾考慮移民，而美國與澳洲分別只有三三％與二六％。

死薪水的不投機致富金律

- 最危險的時刻，就是某次投資大獲成功後的下一次。
- 膨脹的自信、過度樂觀，都是造成風險（賠錢）的主要原因。
- 除了考慮經濟局勢，投資人也該注意政治風險：國家是否因為「福利政策」而出現過多債務、各國央行政策……。

後記
為什麼社會需要有錢人？

在任何危機出現時，人們會浪費很多心力想找出「罪魁禍首」。美國把新冠病毒危機歸咎於中國，可是歐洲陰謀論者的歸咎對象，居然是比爾・蓋茲。事實上，人類史上從來沒有人像蓋茲一樣，投入這麼多錢對抗疾病。

儘管如此，新冠病毒的陰謀論狂人，還是指控蓋茲製造了這種病毒，這樣他就可以再製造疫苗來賺更多錢。在德國有一部極度挑釁的影片，名叫《比爾・蓋茲洗劫德國》（*Bill Gates Plunders Germany*），已經在社群媒體爆紅。這些對於蓋茲的指控當然是空穴來風，但重點不在這裡。

從這個例子可以知道，在任何情況下，有錢人很容易成為代罪羔羊，尤其是發生危機的時候。

二〇一八年，我委託益普索莫里機構對美、德、法、英等四個國家進行系統性的調查。這份調查是設計來了解這四個國家的民眾對於有錢人的態度。

從調查結果可以知道，大家對於有錢人的偏見有多麼普遍（我在二〇二〇年的著作《輿論下的有錢人》發表了這個結果）。

早在一百年前（一九二一年），美國作家沃爾特・李普曼（Walter Lippmann）的經典之作《輿論學》（*Public Opinion*）出版後，研究人員就已經在調查偏見與刻板印象。

過去幾十年來，學者已經針對此主題發表了上千篇文章、論文與書籍。而研究的焦點尤其會放在種族歧視與性別歧視上。不過，鮮少有人去研究職業與階級方面的刻板印象。

就像種族歧視或性別歧視一樣，這種偏見被稱為階級歧視。近年來，美國有一波研究已經探索過對於窮人的偏見與刻板印象。不過截至現在，很少有人去研究另一種對於某特定少數人的偏見：有錢人。

關於社會階層比較的研究已經表明，我們會持續拿自己與別人比較（無論有意或無意），以取得自我評估所需的資料。而這種比較是自動發生的，畢竟我們唯有透過與相關的他人比較，才能評估自己。

當某甲拿自己與某乙比較，而某乙有某甲想要擁有、但目前欠缺的特質、財產或地位，某甲就會心生嫉妒。這些心態通常是下意識出現的，因為人們會否認自己的嫉妒心。

大多數人都想消除或降低嫉妒心，為此他們可能會想辦法縮短自己與嫉妒對象的差距。如果不成功的話，嫉妒者就會強調他們在個性或特質上的優勢，可是這些優勢與他們所比較的領域無關。

例如，嫉妒者可能會說：「我可能沒有他那麼有錢，但我教育程度比較高，人也比較好相處。」此外，嫉妒者也可能貶低他們屈居劣勢之領域的重要程度，並強調他們占優勢的領域。

當社會群體將經濟上較成功、或較有才智的人視為外團體，他們就會發展出補償策略以維持自尊，這是理所當然的。而上流社會的成員，也當然比較能接受社會階級準則（例如經濟成功或教育），因為他們就身在階級頂端。

上流社會的成員較傾向於以社經或文化背景來區分自己與其他團體，而社會底層的成員較傾向於以道德準則來區分。

美國與德國的研究已表明，非有錢人會利用補償策略來維持自尊。這些策略的目標，一方面是質疑經濟成功與生活滿意度之間的關聯，另一方面則是給予某些價值較重的權重，像是人際關係、道德與家庭生活等。

勞動階級對於有錢人的刻板印象，亦即冷酷、自我中心、家庭生活不美滿、人際關係不好、缺德，其實是為了主張勞動階級的優勢，以及補償劣等感。

處於「社會劣勢」階級成員主張自己勝過有錢人的那些領域，其實都有一個共同特性：它們多半是出於主觀詮釋。如果以客觀角度來衡量，那麼誰比較有錢或教育程度較高，就很容易見真章。可是誰的人際關係比較充實、或誰的家庭生活比較美滿，就沒辦法這樣衡量了。

若想判斷某人在這些特質上的表現，就必須極度仰賴主觀詮釋，例如某人的婚姻美滿程度；而外人幾乎不可能評斷。

由於社會嫉妒程度無法透過直接詢問（例如「你的嫉妒心有多重？」）來衡量，因此受訪者會看到三個陳述，它們是設計來作為社會嫉妒程度的指標：

- 我覺得針對富翁們大幅增稅是很公平的，即使我個人無法因此受益。
- 我支持大幅減少主管的薪水，然後將省下來的錢平均分配給員工，哪怕就算這樣做，員工每個月也只多賺幾塊錢而已。
- 當我聽到一位百萬富翁做出高風險的事業決策，因而賠掉一大筆錢時，我會覺得他活該。

這項研究發展出「社會嫉妒量表」（Social Envy Scale），根據此量表，對於上述三個陳述皆不同意的人是「非嫉妒者」，同意其中一個陳述的人是「矛盾者」，同意兩個或三個陳述的人則是「社會嫉妒者」。

這個群體還有一個子集，叫做「死硬派嫉妒者」，也就是三個陳述皆同意的人。德國的受訪者有三三%屬於社會嫉妒者，法國三四%，美國二〇%，英國一八%。

研究人員為了此研究發展出「社會嫉妒係數」（Social Envy Coefficient），它能夠指出一個國家的嫉妒者和非嫉妒者的比例，以方便比較。若社會嫉妒係數為一，表示嫉妒者與非嫉妒者一樣多。小於一表示非嫉妒者多於嫉妒者；而相反的，大於一表示嫉妒者多於非嫉妒者。

根據社會嫉妒係數所示，社會嫉妒程度最高的國家是法國（一・二六），再來是德國（〇・九七），而美國（〇・四二）與英國（〇・三七）就低很多。

嫉妒者與非嫉妒者對於有錢人的看法截然不同，而這兩個群體所認為有錢人具備的人格特質，正好能證實社會嫉妒量表的準確度。

嫉妒者（三個嫉妒陳述中，同意兩個以上的人）認為有錢人所具備的人格特質中，最常被提到的是「自我中心、無情、唯物主義、自大、貪婪、冷血、膚淺」。

嫉妒者提到了二十五特質中，只有兩個是正面的（「勤勞」與「大膽」），其他二十三個都是負面的。相較之下，非嫉妒者認為有錢人所具備的特質中，最常被提到的是「勤勞、聰穎、大膽、唯物主義、有想像力、有遠見」。

這份問卷的其中一個問題，是用來找出這四個國家的民眾，有多麼容易被煽動去找代罪羔羊。受訪者被問及是否同意以下陳述：「超有錢而且對權力貪得無厭的人，是世上許多嚴重問題（像是金融或人道問題）的罪魁禍首」。

德國有五〇％的受訪者對此表示同意，是英國與美國的兩倍（這兩國分別是二五％與二一％）。這個發現意味著德國在嚴重的經濟動盪時，比較容易煽動對於有錢人的固有敵意，而德國的政客也比英語系國家更常將矛頭指向有錢人。至於法國則有三三％同意。

嫉妒者特別容易受煽動去找代罪羔羊，而這又再次證實社會嫉妒量表區分嫉妒者與非嫉妒者時的準確度。德國有六二％的嫉妒者傾向找代罪羔羊，但非嫉妒者只有三六％。其他國家的情況也很類似。

此外，四個國家的受訪者中，同意找代罪羔羊的人多半也相信零和賽局。德國有六〇％的「代罪羔羊愛好者」認同「有錢人擁有越多，窮人就分到更少」這句陳述，美國有六五％，法國有六九％，英國有五七％；而德國不愛找代罪羔羊的人只有三五％認同該陳述，美國有二四％，法國有四一％，英國有三〇％，與代罪羔羊愛好者形成強烈的對比。

假如有錢人真的如大眾的刻板印象那般閒散，那他們還是不存在比較好：好吃懶做的人幸運繼承一大筆錢，接著就開始揮霍、縱慾、炫富。當然確實有這種人存在，也有人是靠不道德、甚至犯罪的手段而發財的。

然而在大多數情況下，這些刻板印象根本就不是真的。每五個富裕人士就有四個是創業家或自僱者。就算是「最有錢的有錢人」，也有許多是公司創辦人，或者經營父親創辦的公司。

他們有許多故事你都耳熟能詳：美國最有錢的人是傑夫・貝佐斯，他創辦了亞馬遜；霍華・舒茲（Howard Schultz），工人之子，從小在貧困的郊區長大，後來讓星巴克咖啡連鎖店席捲全世界，賺進超過二十億美元。

谷歌創辦人謝爾蓋・布林與賴利・佩吉，對於線上搜尋引擎的構想，在事後被證明是天才之舉，使他們躋身美國富豪之列，與臉書創辦人馬克・祖克柏不相上下。而這些人對我們現今生活的世界，都有著深遠的影響。

嫉妒只會妨礙你成功

那麼那些繼承財產的人該怎麼說？

美國權威級經濟學家米爾頓・傅利曼（Milton Friedman）指出，相較於別人靠個人努力賺取財富，人們比較無法接受別人繼承財富：「如果貧富不均是因為對方的個人能力、或其賺取的財富與自己有差距，我們就會心服口服；或者說，至少比對方因繼承財富而產生差距時來得服氣[115]。」

一方面，我能理解世人為何會用不同的角度看待「透過個人努力賺取財富的人」與「繼承財富的人」。畢竟前者的財富是靠努力工作賺來的，這是值得驕傲的事；而後者卻只是運氣好，生在有錢人家。

另一方面，傅利曼的相反論點也值得好好思考，他認為：「如果你說一個人有權利靠個人能力生產事物、並藉此累積財富，但他卻不能把財富傳給小孩，那就太不合邏輯了；而如果你認為一個人可以用自己賺來的收入過上放縱的生活，卻不能留錢給繼承人，那也很奇怪。」

如果你覺得繼承財富是這個世界「不公平」的徵兆，那麼有些人遺傳了好看的外表，也非常的「不公平」。凱薩琳・哈金（Catherine Hakim）是倫敦政治經濟學院的社會學教授，曾做過許多研究，顯示出長相好看在勞動市場中是很大的優勢。

她發現長相好看的人，不但平均薪資比較高，別人也認為他們比較聰明、能幹。甚至在法庭上，若其他條件相同，長相較有魅力的被告也比較不會被定罪[116]。

「反對『情慾資本』（譯按：由性吸引力造成的個人或團體的社會價值）概念之價值的人，通常會抱怨長相是遺傳來的，因此不能、或不應該有價值。可是智商也是天生的，大家卻認為它有價值，並且給予獎賞[117]。」

繼承人如果不配擁有他們的財富，通常在任何情況下都會無法守成。有無數的不成材繼承人都無法掌管自己繼承來的財富或公司，最後敗光一切，不過這通常要花上一整個世代的時間。

德國作家湯瑪斯・曼（Thomas Mann）在小說《布登勃洛克家族》（*Buddenbrooks*）中，繪聲繪影的描寫一個富裕且受人敬重的商人家族，逐漸家道中落的過程。當繼承人配不上自己的大筆財富，「正義」就能重新獲得伸張。在長期下，唯有配得上自己財富的人，才有辦法守成。

許多人對於有錢人心懷怨恨，多半是嫉妒心驅使的。而大多數人當然會否認自己有嫉妒心。我有幾次演講，都請聽眾用十分制的嫉妒量表來替自己評分，一分是完全不嫉妒，十分是非常嫉妒。結果大多數聽眾都給自己最低分。顯然，沒有人想要心懷嫉妒，更別說承認了。

就算採用匿名調查，嫉妒心也是最難衡量的感受之一，因為它是令人討厭的情緒。而

115 《資本主義與自由》（*Capitalism and Freedom*），第一六四頁。
116 《情慾資本：會議桌上與床上的魅惑之力》（*Erotic Capital: The Power of Attraction in the Boardroom and the Bedroom*）第一四四頁。
117 《情慾資本》第一五九頁。

在政論方面更是如此，只要有人指出某項需求是出於嫉妒，就會引起反射性的憤怒，然後就不用再談下去了。

比方說，反對財產重新分配的人有時會解釋道：「把有錢人的收入或財富重新分配給窮人，其實對後者的經濟沒什麼幫助。」在某些情況下他們還會說：「這樣做甚至會適得其反。」

至於支持富人稅的人，就會反駁：「反對者的說法在數學上是正確的，但這完全不是重點。」這些人認為重點在於這種重分配舉措的「象徵性效果」，尤其是「伸張正義」的印象。但什麼是象徵性效果？其實就只是有錢人被剝奪財產時，沒被課到富人稅的人會心生滿足。

當一個社會越大聲宣揚平等原則，這個社會的嫉妒心就會越強。由於所有社會成員都理應要平等（儘管現實中差遠了），因此只要有任何差距，就會被人怒指為「社會不平等」的現象。

例如德國男女之間的收入差距只有六%，但大家仍舊覺得這是巨大的醜聞、以及毫不遮掩的不公不義表現。有趣的是，在這些討論當中，「平等」與「正義」逐漸被當成同義詞。當人們抱怨「社會缺乏正義」，意思通常是指他們覺得不夠「平等」——或者說對自己有利的平等。

那麼為什麼人們要否認自己的嫉妒心？在基督教傳統中，嫉妒只是七宗罪其中之一，可是其他原罪並沒有那麼難承認。色慾、憤怒甚或怠惰，都沒有嫉妒這麼忌諱。因此心理學家試圖解釋，為什麼嫉妒是一種「偽裝」過的情緒？為什麼任何人都很難承認自己心生嫉妒？

當某人認為另一個人擁有自己想要的東西，他就會心生嫉妒。這種認知必定會導致一個疑問：「我為什麼沒有？為什麼他們成功到手了，而我卻不行？」而這個疑問，很容易使人自尊心受損——難道對方比你聰明或有創意嗎？

心生嫉妒的人常用兩種策略來保護自尊。第一，他們會否認自己想要嫉妒對象所擁有的財富與地位。因此，嫉妒者會告訴自己，無論對方擁有什麼東西，其實都沒什麼了不起。第二，嫉妒者可以將嫉妒對象的成功歸因於運氣好、採取不道德的方式、或擁有不公平的優勢。

人們隱藏嫉妒心的另一個原因是，只要某人承認他的動機是嫉妒，那麼任何想要消除嫉妒原因的行動，都不能見容於社會。而這個因素跟政治領域尤其有關。大家務必要理解，嫉妒者一定會否認自己受到嫉妒心驅使，並且堅持自己只在乎「社會正義」。

至於那些承認自己心生嫉妒的人，則會行使另一種正當化策略。他們會重新詮釋自己的嫉妒心，堅持嫉妒心也可以是正面的情緒，也就是使人改善的動機。

確實，有些研究人員曾試圖區分「惡意」的嫉妒與「良性」的嫉妒。正如其名，惡意嫉妒的目標是剝奪對方擁有的事物，而良性的嫉妒則是一種動機，渴望能夠藉由模仿對方與改善自己來追上嫉妒對象。因此嫉妒被重新詮釋成正向、啟發人心的情緒。

可是在現實中，這不叫「嫉妒」，而是「羨慕」。你在日常生活中可能會說：「可惡！開這麼帥的車是想氣死我嗎？」但你真正的意思是：「好羨慕你能開這麼帥的車！」這才不是嫉妒，而是羨慕、渴望或嚮往。

心懷嫉妒的人真正想要的，是他們的嫉妒對象失去其擁有的事物。在上述例子中，假如對方的帥車被偷走，嫉妒者的妒意就會立刻消失。相反的，就算他們為自己買了一輛同樣的車，也無法自動平息妒意。因此許多研究嫉妒心的人，都同意嫉妒是澈底的負面情緒，沒有什麼「良性」或「啟發人心」的嫉妒。

到目前為止，研究嫉妒心的人幾乎都沒去關注嫉妒心對於嫉妒者的影響。美國億萬富翁投資客華倫．巴菲特曾說：「七宗罪當中，嫉妒是最愚蠢的，因為它不會讓你比較好過，反而還更難過。我有時候會暴飲暴食，但還滿愉快的。至於色慾嘛……[118]。」

社會科學已經發現，嫉妒與憂鬱、不快樂、低自尊是密切相關的。嫉妒絕對不是好的感覺，因此它跟其他原罪截然不同。嫉妒者一想到別人的幸福與成功，心裡就很痛苦。反過來說也是對的：別人吃癟的時候他們會很開心。畢竟這樣的話，他們就能陶醉於一種壞心眼的愉悅感。

最重要的是，嫉妒心會阻礙嫉妒者本身的成功。畢竟嫉妒者不可能向嫉妒對象學習、並藉此改善自己的處境。所以把嫉妒當成啟發人心的情緒，就是錯誤的。嫉妒者反而覺得，嫉妒的對象是因為好命、好運、好機會或不道德的行為才成功的。

其中最多人提到的主張就是「好運」。所以把成功歸因於機會與好運的書籍，特別受人喜愛。而成功的人在回答提問時，又會把自己的成功歸因於「好運」，這又讓事情更複雜了。

奧地利社會學家赫爾穆特・舍克（Helmut Schoeck）認為成功人士說自己運氣好，其實是下意識的在防備別人嫉妒：「運動員、學生或生意人，在獲得極大成功（別人心生嫉妒）後，會聳肩說道：『沒什麼啦，我運氣好而已。』這樣說（多半出於下意識）是為了緩和別人對他的嫉妒[119]。」

當極度成功的人宣稱「我只是運氣好」，會比他們歸因於自己「過人的才智」或「傑出的人格」，還來得討喜、親切、平易近人。

118《看見價值》第一〇一頁。

119《嫉妒》（*Envy*）第二八五頁。

舍克說道，嫉妒者不太可能嫉妒樂透贏家，因為後者的財富純粹出於好運，而不是成就或功績。畢竟妻子再怎樣也不會怪老公沒中樂透吧？而且也不會有人因為一直沒中樂透而覺得輸人一截。

至於舍克語帶保留的地方，我已經在《輿論下的有錢人》研究中，透過問卷調查證實了。我問受訪者：「誰有資格當有錢人？」結果德國的非嫉妒者有七一％認為是自僱者，而有六九％認為是創業家。樂透贏家以四九％排名第四。

至於德國的嫉妒者就完全是另一回事了：同樣的提問，排名第一的竟然是樂透贏家（六一％），自僱者只有四九％，創業家只有三三％。

不過，假如你指控仇富的人是受到嫉妒心驅使，對方就會惱羞成怒，並且斬釘截鐵的向你保證：「這跟嫉妒心無關！」當然，受嫉妒心驅使的人，總是會駁斥對方的言外之意，不過舍克也說：「嫉妒是一種無可避免的行為，深植於人類在生物方面與存在方面的情況。」

為什麼相較於成功的創業家與高階主管，人們比較不嫉妒成功的運動員與流行歌手？雖然運動員的收入經常比創業家或主管高，但他們通常受人欽佩，而不是嫉妒。

這有一部分可能是因為，高收入運動員的表現比高階主管的工作更顯眼、更容易評估。在任何情況下，體育界的「正義」是很容易定義的：成就相同，薪資也相同。任何人只要足球踢得跟梅西（Lionel Messi）或C羅（Cristiano Ronaldo）一樣好，他就能領到同等的高薪。

不過這還是沒解釋清楚大家常說的「社會正義」是什麼。諾貝爾獎經濟學得主海耶克（Friedrich August von Hayek）認為社會正義是一種「妄想」，反而摧毀了個人自由的法律保障。

有些人因為不了解薪資是怎麼算出來的，就認為高階主管領高薪不公平。如果收入是以付出多少勞力而定，那麼護理師的薪水遠低於高階主管，還真的很不公平。

然而，世界上沒有公司會根據員工付出的努力來算薪水。薪水主要是根據某人的技能稀有度、以及他難以取代的程度而定的。而在國際性的高階主管人力市場中，薪資同樣是依照供需法則而定。

當然，董事會有時候也會出包，僱用能力不符薪資的高階主管。如果發生這種事，付出代價的會是公司的業主或股東，而不是一般民眾。同樣的，足球員也可能因為他的表現不符期待，所以配不上自己領到的薪水。然而，受損的也會是球隊，不是一般民眾。

每過一陣子，就又會有人提議要為公司執行長與最低薪員工之間的薪資差距，設定一個法定的限制。瑞士甚至還為了這個議題舉行公投，不過瑞士人夠聰明，所以駁回了這項提案。

我再拿足球員當作例子，你就知道上述提案可能會造成什麼影響。假設拜仁慕尼黑隊（Bayern Munich）最高薪的球員，薪資上限定為球場管理員的二十倍。為了要維持競爭力，球隊只能先調漲管理員的薪水，才能調漲球員的薪水，否則拜仁慕尼黑就只能請得起三流球員，這樣根本贏不了歐洲冠軍聯賽。所以假如政府規定，公司主管的薪水不得超過門口警衛二十倍，下場恐怕也會很慘。

附帶一提，沒有證據顯示這種上限能夠真正滿足民眾對於平等的渴望。社會學家赫爾穆特・舍克就抱持懷疑：「設立很低的薪資上限，無法解決公平分配所得的問題。剛好相反：上限越低，每個人的收入就更接近，於是大家會更認真去比較，嫉妒心隨之變強，也就更能意識到彼此的差距。」

富裕人士、主管與創業家，是最常被迫為自己財富辯護的人。或許這就是「回饋鄉里」的由來，富裕人士與一般民眾都很喜歡這個概念。

臉書、谷歌、星巴克，這些創業家在改變我們的生活

某份對於德國富裕人士的研究顯示，六六％的富裕人士同意「有錢人比不有錢的人承擔更多社會責任，因此應該捐更多錢行善。」德國富裕人士有五二％曾捐款回饋社會，

四三％則有捐錢救災的經驗[120]。

幾年前，億萬富翁華倫・巴菲特與比爾・蓋茲發起了「捐贈誓言」（Giving Pledge）運動，全球已經有兩百零四位世界富豪響應，包括企業軟體公司「甲骨文」創辦人勞倫斯・艾利森、CNN創辦人泰德・透納、臉書創辦人馬克・祖克柏，他們全都至少捐出了一半的財富。

然而，就算這些捐獻也躲不過批評，因為有人覺得有錢人可以任意處置自己的錢財、支持自己所選擇的對象，實在很不民主。這些人堅決認為，唯一能確保「公平」分配的方式，就是透過課稅奪走有錢人大半財富，再讓政治人物決定該怎麼使用這些錢。

無論如何，捐獻無法回答「有錢人如何造福社會」這個問題。他們造福我們的方式並不是慈善活動，而是他們創立、營運公司，而這些公司是我們國家經濟的基石，其創新產品與技術使我們的生活變得更好。

本書的讀者大多數都會使用微軟開發的軟體，以及谷歌的線上搜尋。他們偶爾還會喝星巴克的咖啡，並透過臉書與朋友聯繫感情。

創辦公司的人不只是想賺錢而已，錢只不過是他們背負創業風險、努力開發新產品造

120〈Vermögende in Deutschland〉

福我們之後應得的報酬。

知識分子是最懷疑財富與資本家制度的人。數百年來，知識分子都夢想一個烏托邦社會，人人平等，沒有人比別人擁有更多或更少。可是在現實中，這些烏托邦都沒有帶來正義與財富，而是剛好相反。任何試圖實現烏托邦的舉措，都導致經濟衰退、人民受苦。

極具影響力的宗教領袖兼公共演說家威廉・博特克牧師（Reverend William J. H. Boetcker），曾在一九一六年出版一份小冊子，名叫《十個並不能》（*The Ten Cannots*），用來告誡那些批評資本家制度的人：

- 反對節儉並不能帶來繁榮。
- 削弱強者並不能使弱者變強。
- 擊垮大人物並不能幫助小人物。
- 鬥倒老闆並不能讓勞工出頭。
- 打擊富人並不能幫助窮人。
- 借錢並不能帶來安穩。
- 煽動階級仇恨並不能加深手足之情。
- 入不敷出並不能平安無事。

・摧毀別人的獨立自主權，並不能使你更有個性與勇氣。
・你並不能永遠幫助別人做他們自己該做的事。

許多人就算不反對我們的總體經濟體系，也還是會批評社會「不公不義」，因為有錢人比窮人有錢太多了，而且差距還持續擴大。反全球化的社運人士，將美國等國家的貧富差距擴大，歸咎於全球化。全球化真的讓社會更不公不義嗎？聯合國有一份研究發現，過去五十年來全球貧窮問題減少的程度，比過去五百年還多[121]。

沒錯，世界上還是有許多地方鬧饑荒、人民受苦，每個人都該關心他們。然而，與一般人的誤解相反，被嚴重抹黑的資本家制度與其主角——「有錢人」，都不是苦難的根源。有些非洲國家的饑荒依舊嚴重，是因為它們缺乏經濟自由，而不是自由過頭。

總體而言，資本主義對於生活的改善程度，比人類史上所有經濟體系都還大。比方說，一八二〇年全球人口有九四％過著極度貧困的生活。一九一〇年，這個數字降至八二％；到了一九五〇年，它又降至七二％。

121 烏爾里希・基維特（Ulrich Chiwitt），《Kapitalismus. Eine Liebeserklärung. Warum die Marktwirtschaft uns allen nützt.》第一六八頁至一六九頁。

不過最大、最快的下跌，發生於一九八一年至二〇一五年間，從四四・三%降至九・六%。兩百年前，只有約六千萬人沒有過著極度貧困的生活。而現在，有超過六十五億人脫離了極度貧困的生活。

光是一九九〇年至二〇一五年間，全球就有十二億五千萬人擺脫極度貧困。換句話說就是每年有五千萬人、每天有十三萬八千人脫離貧困。

而近幾十年來，這種進步在預期壽命方面又特別明顯。上個世紀的預期壽命，比過去二十萬年還要多兩倍多。如今小孩活到退休年齡的機率，比前幾個世代活到五歲的機率還高。一九〇〇年，全球平均預期壽命是三十一歲；如今是七十一歲。人類從二十萬年前起源之後，已經過了約八千個世代，但只有最近的四個世代的死亡率大幅降低。

其他許多數字也顯示，自從兩百年前市場經濟成為主流之後，人們的生活改善了多少。一八六〇年以來，美國員工的平均工作時數每週減少了二十五小時。此外，大多數人也變得較晚就業、較早退休，而且退休後也活得比較久。這些正向發展都要歸功於科技進步，以及讓它進步的經濟體系。

有人研究了一百八十個國家在過去四十年的發展，發現窮人所得每次增加都是因為該國的平均成長率上升，而不是財富重分配的結果。最窮的四〇%人口的所得成長，有七七%要歸功於該國的平均成長率。

全球化之下的市場經濟

市場經濟的優勢在中國尤其明顯，一九八一年該國有八八％的人過著極度貧困的生活，而現在（二〇二〇年）只有一％。中國的減貧速度是人類史上最快的，這多虧了政府承認私人財產權，讓自由市場有更多空間發展，而中國也持續朝全球市場開放。中國採用的方式是人類史上獨一無二的。而這個正向發展，是開始於改革家鄧小平的一句口號：「讓一部分人先富起來。」

但這不表示全球化的影響就一定是正面的。由於技術進步，全球化讓西方工業化國家的勞工，必須更常與開發中國家的勞工競爭。而受害最深的，是已開發國家中未受專業訓練、教育程度不足的勞工。

我們必須承認，全球化減少了他們的收入，因為它助長了國際性的競爭。在最糟糕的情況下，他們的工作會被外包給開發中國家，因為這樣可以替雇主省下一大筆錢。

不過，未受專業訓練的勞工，並非全球化勞動市場的唯一受害者。已開發國家的部分中產階級，也越來越受到類似的影響；而這也使得反全球化運動的煽動性言論，從倫理觀點來看是很有問題的。

商業倫理學家烏爾里希・基維特認為，他們的批評「只不過是富裕已開發國家的中產階級所採行的防禦策略，他們擔心自己的收入因為來自開發中國家的競爭而減少[122]。」反全球化運動的支持者，大多數都是傳統上就對資本主義頗有微詞的知識分子，他們將「全球化」視為又一個應受譴責的資本主義形式。當然，全球化確實擴大了已開發國家的貧富差距，以及贏家（主要是已開發國家）與輸家（主要是開發中國家）之間的距離。

從德國或美國工人的觀點來看，反對貧富差距擴大是情有可原的反應。但假如我們從全球的角度來看這個議題呢？每當德國或美國中產階級有一個人，因為全球化與全球經濟轉型而向下流動，就有三到四個中國人或印度人脫離貧困，加入成長中的中產階級。

加拿大副總理兼財政部長弗里蘭，在她的著作《財閥：有錢人如何利用國家賺錢並阻止其他人翻身》（*Plutocrats: The Rise of the New Global Super-Rich and the Fall of Everyone Else*）中，引述了一家美國科技供應商財務長的話：「他跟我說：『我們要求的薪水比其他國家還高。那麼既然你想領十倍薪水，那你就要提供十倍的價值。聽起來很刺耳，但中產階級或許必須接受減薪。』」

許多對於有錢人的陳腔濫調都是出自偏見。畢竟多數人身旁都沒有大富翁，更別說億萬富翁了。你認識多少身家上億的人？

大多數人都是透過媒體報導來形成自己的看法，而媒體又很喜歡大肆渲染極少數案例：高階主管在搞垮公司後領到上百萬美元的遣散費；創業家低報好幾百萬元的稅。這些故事又更強化了財務菁英在大家心中的貪婪印象（無論公司或個人）。

我想引用商業倫理學家基維特的話來反擊這些刻板印象：「貪婪並非專屬於高薪人士。每個社會階級都會受其影響，無論他們是低階員工還是執行長、失業勞工或百萬富翁。不是每個沒發財的人都會對貪婪免疫，而財富也不會自動使人貪婪[123]。」

馬克斯・韋伯（Max Weber）是史上最具影響力的社會學家之一，他認為「資本主義的精神」與新教徒的工作倫理有關。他強調貪婪是一直都存在的：「無論中國的官僚、古羅馬的貴族、還是現代的農民，他們貪婪的程度是經得起比較的[124]。」相反的，清教徒的美德——勤勞、節儉、節制、可靠、誠實，卻塑造了資本主義的精神。

雖然關於「貪婪主管與銀行家」的媒體報導，暗示這種精神已經完全喪失，但本書第六章引用的研究，卻顯示它還是存在於許多財富菁英的心中，無論哪個國家。

那麼有錢人的錢究竟花到哪裡去了？財富越多的人，就會拿出越多錢投資股票或其他

122 《Kapitalismus》第一七三頁。
123 《Kapitalismus》第一九二頁。
124 《新教倫理與資本主義精神》（*The Protestant Ethic and the Spirit of Capitalism*）第五十七頁。

形式的公司股份。他們這麼做，就會讓整個經濟體獲得急需的資本。當然，他們是為了個人利益與財富成長而進行這些投資，而不是出於利他動機，不過社會還是會因此受益。

美國經濟學家喬治・吉爾德（George Gilder）在他的傑作《富與貧》（*Wealth and Poverty*）中總結道：「有錢人有一個很重要的功能，就是提供沒有妨礙、沒有官僚化的現金。其實大多數的有錢人都有好好扮演這些角色，他們只消費了一小部分的錢，其他大部分的錢都用來興建有生產力的設施，這樣就能僱用員工，並供應商品給消費者。有錢人依舊是經濟體中最重要的自主資本來源[125]。」

當然，有錢人確實會花錢購買不實用的奢侈品，但你想想看：許多我們現在習以為常的日常用品，以前都被認為是非必要的奢侈品。例如自來水與室內廁所，在十九世紀還算是奢侈品。

直到一九四〇年，德國勞動階級家庭依舊有一四%沒有電可用，四分之一沒有自來水，九六%沒有浴室。如今這些東西都算是工業化國家的必需品，就連社會中最窮的人也買得起電視與手機。

我記得以前有一陣子，用來提升乘客安全的安全氣囊與自動剎車系統，都被當成有錢人才買得起的奢侈品。如今所有車子都配備它們，每個人駕駛時都變得更安全。

從這個角度看來，就連有錢人沉迷的炫耀性消費，也有可能造福眾人，因為這樣會使廠商生產更多人買得起的產品。拜大量生產與技術進步所賜，許多產品後來連一般民眾都能買了。

「有些東西一開始只有極少數人買得起，成為有錢人的地位象徵，也讓其他人非常想要這些東西。後來，曾經買不起的奢侈品降價了，所以努力模仿財富菁英（無論是否刻意）的中產階級成員，現在也買得起它們。有錢人現在需要新的地位象徵，因為舊的那個已經平民化，不再有效。於是循環再次開始[126]。」

然而，大眾對於財富重分配的爭論，都很容易忽視上述的想法。政客會對高收入人士增稅以巴結選民，因為選民總覺得：「這些有錢人總該貢獻一下吧！」但真相是，因為累進稅率的緣故，有錢人繳的稅早就超出他們的本分。例如德國的所得稅，就有四一・八%是所得排名前五%的人繳的[127]。

現在只要出現對於少數族群的偏見，人們就變得非常敏感，這其實是正確的事。但是法國前總統法蘭索瓦・歐蘭德講過「我討厭有錢人」，居然沒人批評他。請想像一下，假

125 《富與貧》第九十三頁。
126 《Ganz oben: Wie Deutschlands Millionäre wirklich leben》第一一四頁。
127 德國聯邦統計局二〇一〇年德國所得稅統計，公布於二〇一四年七月二十八日。

如一位政治領袖承認自己討厭「其他」少數族群，鐵定會引起公憤吧！

在現今的世界，有錢人、主管或銀行家，可能是大家唯一能夠盡情歧視的少數族群。事實上，歧視這些人反而會使你受邀上脫口秀，讓你贏得民心而不是激起公憤。

全世界最大的奢侈品製造商LVMH集團的執行長、億萬富翁貝爾納・阿爾諾，宣布自己想成為比利時公民，結果法國左翼報紙《解放報》（*Libération*）下了這樣的頭條：「快滾吧，有錢混蛋！」

自從歐蘭德將高收入人士的所得稅漲到七五%之後，許多像阿爾諾這樣的有錢法國公民，就覺得自己被排擠、不受歡迎。他們當中有許多人考慮離開這個國家，而有些還真的離開了，重創法國的經濟。

「有人將有錢人視為資本主義的人格化，並透過漫畫諷刺他們；有人看到他們的英雄形象，也有人把他們當成最容易研究的惡魔，」喬治・吉爾德說道：「他們在體系中是理想與抱負的聚集點，也是創業精神的泉源；他們敏捷機智，卻也有致命弱點。別人怎麼看待有錢人、以及有錢人怎麼看待自己，是衡量資本主義健全度的關鍵指標[128]。」

不過，有錢人遭到誤解、不受感激，其實有一部分是自找的。有錢人貢獻社會，並想確保一般民眾看見其中的價值與利益，但他們無法理解民眾在吵什麼。這樣對他們完全沒好處。假如連有錢人都懷疑自己（也就是覺得自己應該「回饋鄉里」），那麼其他成員無法理解、感激他們，也就不意外了。

我認為「回饋鄉里」的概念，一開始就假設有錢人榨取民脂民膏，所以才要回饋。這種想法是出自一個單純且完全誤導人的概念：我們的經濟是一場零和賽局，有錢人之所以有錢，只是因為窮人很窮。

在人類的歷史上，有錢人與窮人一直都存在，以後也會永遠存在。唯一的差別在於，如今的世界有比較多機會致富。臉書、谷歌與亞馬遜，這些新創公司讓他們的創辦人祖克柏、佩吉、布林、貝佐斯，在短短幾年內變成億萬富翁，這在四十年前是不可能發生的事。全球化與網路已經將機會開放給世界各地的年輕人。

自由派思想家漢斯・森霍爾茲（Hans F. Sennholz）說過：「創業家的力量來自消費者的至高權力。他並不是因為繼承了特權才獲得支持，而是完全憑靠自己的能力，服侍資本家經濟體中的至高統治者，也就是消費者。無論創業者的財富或權力多麼龐大，他必定要向買家的興致與願望低頭。如果他做不到，公司就會倒閉[129]。」

128《富與貧》第七十八頁。

129 森霍爾茲，〈Über den Abbau von Armut und Ungleichheit〉，出自《Wider die Wohlfahrtsdiktatur》第一二四頁。

國家圖書館出版品預行編目（CIP）資料

死薪水的不投機致富金律：怎樣成為「有錢之後一直有錢」的人？德國媒體編輯一對一面談有錢人後，親身實踐的致富報告。／雷納．齊特曼（Rainer Zitelmann）著；廖桓偉譯. -- 初版. -- 臺北市：大是文化有限公司, 2021.02

256 面；17×23 公分. -- (Biz；347)

譯自：Financial Freedom：How to Create Wealth and Hold On to It

ISBN 978-986-5548-26-1（平裝）

1. 財富　2. 理財　3. 投資

563　　109017056

Biz 347

死薪水的不投機致富金律

怎樣成為「有錢之後一直有錢」的人？德國媒體編輯一對一面談有錢人後，親身實踐的致富報告。

作　　者／雷納・齊特曼（Rainer Zitelmann）
譯　　者／廖桓偉
責任編輯／張祐唐
校對編輯／劉宗德
美術編輯／張皓婷
副總編輯／顏惠君
總 編 輯／吳依瑋
發 行 人／徐仲秋
會　　計／許鳳雪、陳嬅娟
版權經理／郝麗珍
行銷企劃／徐千晴、周以婷
業務助理／王德渝
業務專員／馬絮盈、留婉茹
業務經理／林裕安
總 經 理／陳絜吾

出 版 者／大是文化有限公司
臺北市 100 衡陽路 7 號 8 樓
編輯部電話：（02）2375-7911
購書相關資訊請洽：（02）2375-7911 分機122
24小時讀者服務傳真：（02）2375-6999
讀者服務E-mail：haom@ms28.hinet.net
郵政劃撥帳號／19983366　戶名／大是文化有限公司

法律顧問／永然聯合法律事務所
香港發行／豐達出版發行有限公司 Rich Publishing & Distribution Ltd
地址：香港柴灣永泰道70 號柴灣工業城第2 期1805 室
Unit 1805,Ph .2,Chai Wan Ind City,70 Wing Tai Rd,Chai Wan,Hong Kong
Tel：2172-6513　Fax：2172-4355
E-mail：cary@subseasy.com.hk

封面設計／林雯瑛
內頁排版／陳相蓉
印　　刷／緯峰印刷股份有限公司
出版日期／2021 年 2 月初版
定　　價／新臺幣 370 元
ISBN　978-986-5548-26-1（平裝）